Stephanie Hauschild
Das Paradies auf Erden
Die Gärten der Zisterzienser

Stephanie Hauschild
Das Paradies auf Erden
Die Gärten der Zisterzienser

THORBECKE

Inhalt

Ein Brief aus Clairvaux 7
VON DER WILDNIS ZUM GARTEN UND ZUM PARADIES 9
PLÄTZE FÜR DEN GARTEN 21
DER KREUZGARTEN 37
DER KRÄUTERGARTEN 55
DER KÜCHENGARTEN 73
OBSTGARTEN UND FRIEDHOF 89
DIE GÄRTEN DER ZISTERZIENSER – EIN PARADIES AUF ERDEN? 105
Literatur 111
Bildnachweis 111

Ein Brief aus Clairvaux

LINKE SEITE
Konsole mit Tauben im Kreuzgang von Maulbronn

Die Zisterzienserabtei Salem hatte weite, von Mauern umschlossene Gärten.

„Wenn Du die Lage von Clairvaux zu kennen wünschest, soll diese Schrift dir als Spiegel dienen. Zwei Berge beginnen nicht fern von der Abtei; anfangs nur durch das dazwischen liegende enge Tal getrennt, dehnen sie ihre Enge zu immer größerem Abstand aus, je näher sie der Abtei kommen; der eine nimmt die halbe, der andere die ganze Seite der Abtei ein. Der eine ist fruchtbar an Weinbergen, der andere reich an Früchten; angenehm für den Anblick und für den Nutzen gewährt er uns Vorteile, da an dem abfallenden Hang des einen wächst, was zum Essen, an dem anderen, was zum Trinken dient.

Auf der Spitze des Berges gibt es für Mönche häufig Arbeit, freilich eine liebliche und durch die dabei herrschende Ruhe noch angenehmere, nämlich die, altes Reisig zu sammeln und Bündel zum Verbrennen zusammenzubinden, das starrende Gestrüpp auszurotten und das zur Sonnenhitze Passende ihr anzupassen, die Dornen auszureißen und, was mit zu großer Üppigkeit gewachsen ist, zu vernichten, da es die Zweige der heranwachsenden Bäume hemmt oder ihre Wurzeln untergräbt, damit nicht die starre Eiche daran verhindert werde, mit erhabenem Scheitel die Gestirne zu begrüßen, die weiche Linde daran, ihre Arme auszubreiten, die leicht zu spaltende, biegsame Esche daran, sich frei in die Höhe zu erheben, und die weit schattende Buche, sich in die Höhe zu dehnen.

Hinter der Abtei befindet sich ein ebenes und weites Land, das großenteils von einer Mauer umschlossen ist. In diesem Gehege bilden viele Bäume allerlei Art, reich an verschiedenen Früchten, einen Obstgarten wie einen Hain, der, in der Nähe der Krankenzellen gelegen, den Brüdern in ihrer Schwachheit nicht geringen Trost gewährt, da er den Spaziergängern einen geräumigen Wandelraum und auch den Fiebernden eine süße Ruhestatt gewährt. Es sitzt der Kranke auf grünem Rasen, und wenn das unmilde Gestirn des unbarmherzigen Hundssterns die Länder auskocht und die Flüsse austrocknet, so hütet er sich unter dem Laub der Bäume vor den glühenden Planeten in Sicherheit, Verborgenheit und Schatten gegen die Tagesglut; und zum Trost in seinem Schmerz duften seiner Nase die Kräuterarten entgegen. Das liebliche Grün der Kräuter und Blumen ist eine Augenweide und all die Wonne, die vor ihm hängt und wächst, so dass er nicht mit Unrecht sagen kann: „ich sitze unter dem Schatten, des ich begehre, und seine Frucht ist meiner Seele süß". Die Ohren liebkost mit süßen Weisen der bunten Vögel Gesang, und zur Heilung einer einzigen Krankheit besorgt vielerlei Trost die göttliche Liebe, da die Luft in reinem Glanz leuchtet, die Erde von Fruchtbarkeit duftet und er selber mit Augen, Ohren und Nase die Wonne der Farben, Lieder und Gerüche einschlürft.

Wo der Obstgarten aufhört, beginnt der eigentliche Garten, durch Einschnitte in Beete geteilt oder vielmehr durch dazwischen strömende Bächlein geschieden. Denn wenn auch das Wasser zu schlummern scheint, so schleicht es doch trägen Laufs dahin. Auch der Bach gewährt den kranken Brüdern ein schönes Schauspiel, wenn sie am grünen Saum der reinen Wassertiefe sitzen, unter der glashellen Welle die Fische spielen sehen, wie sie aufeinander los schwimmend ein kriegerisches Zusammentreffen darzustellen scheinen. Das Wasser dient zweifachem Nutzen: die Fische zu nähren und die Gemüse zu bewässern. Der nimmermüde Lauf der Aube, ein Fluss mit berühmtem Namen, speist es. Durch ein künstliches Bett schickt er die Hälfte seines Wassers in die Abtei, wie um die Brüder zu grüßen und sich zu entschuldigen, dass er nicht ganz gekommen ist, da er fand, dass der Kanal ihn nicht fassen konnte (…) Aus dem Fluss abgeleitet durchziehen die Bäche friedlichen Laufs die Wiesen, um die Erde zu berauschen, zu befeuchten und keimen zu lassen. (…) Diese Bäche oder vielmehr Gräben werden nach getaner Pflicht von dem Fluss, der sie ausgespieen, wieder verschluckt, und schon eilt die Aube, vollständig gesammelt raschen Laufs durch das abfallende Tal.

Im Kreuzgang von Maulbronn

Von der Wildnis zum Garten und zum Paradies

Müßiggang ist der Feind der Seele. Deshalb sollen die Brüder sich beschäftigen: zu bestimmten Zeiten mit Handarbeit, zu bestimmten anderen Stunden mit heiliger Lesung.
48. Kapitel der Benediktsregel

Ein unbekannter Zisterziensermönch aus dem burgundischen Clairvaux hat zu Beginn des 13. Jahrhunderts sein Kloster beschrieben. Der Brief vermittelt dem Leser über 800 Jahre später ein lebendiges Bild der Gartenanlagen der berühmten Abtei. Besonders kostbar ist der Text für heutige Forscher, weil von den Anlagen in Clairvaux bis auf einige Pläne, Ansichten und Beschreibungen nichts erhalten geblieben ist. Der Mönch aus Clairvaux berichtet uns von einem verlorenen Ort in hellem Sonnenlicht, der, wenn man seinen Schilderungen glauben darf, für die Mönche vielleicht das Paradies gewesen ist.

Bernhard von Clairvaux auf einem Altarbild aus Mallorca.

Bernhard von Clairvaux Clairvaux war jenes Kloster, in dem der Theologe und Mystiker Bernhard von Clairvaux (1090–1153) als einer der bedeutendsten Vertreter des Zisterzienserordens lebte und arbeitete. Gegründet wurde der Orden von dem Benediktinerabt Robert, der im Frühjahr 1098 aus dem burgundischen Kloster Molesmes mit einundzwanzig seiner Brüder auszog, um ein neues Kloster nach seinen Vorstellungen südlich von Dijon zu gründen. Er wollte die für alle katholischen Klöster im 12. Jahrhundert verbindliche Ordensregel des heiligen Benedikt von Nursia genauer befolgen, als es in seinem alten Konvent möglich war. Die Brüder wollten gemeinsam nach den Ursprüngen des christlichen Lebens suchen, wie es im Evangelium, in der Apostelgeschichte und in den Lebensbeschreibungen der ersten Mönche in der ägyptischen und syrischen Wüste geschildert wird. Dafür rodeten die Brüder in der wilden Einöde eigenhändig den Wald, legten das Sumpfgebiet trocken und bauten ihr Kloster von Grund auf neu. Roberts neues Kloster hieß *Cistercium*, aus dem später Citeaux wurde, die Mutter aller Zisterzienserklöster.

Von den neuen Mönchen in Citeaux und ihrer ungewöhnlichen Art zu leben hatte auch der junge Ritter Bernhard gehört. Mit über dreißig Verwandten und Freunden, die er mit seiner Begeisterung angesteckt hatte, trat er in das Kloster von Citeaux ein. Das bisher mit nur wenigen Mitgliedern gesegnete Haus war für die vielen neuen Novizen viel zu klein und platzte aus allen Nähten. Deshalb schickte man Mönche zu einer Klosterneugründung aus, die den Namen *La Ferté* erhielt. Von da an folgten ständig weitere Gründungen: Pontigny, Morimond und schließlich 1115 Clairvaux, das Kloster, in dem Bernhard als Abt wirken und sterben sollte. Diese vier Klöster, die sogenannten „Primarabteien", sind die Urtöchter des Mutterklosters Citeaux. Zusammen mit Citeaux bilden sie die Wurzel des Stammbaums aller Zisterzienserklöster in Europa und in der ganzen Welt.

Bernhards charismatische Persönlichkeit, seine wortgewaltigen Predigten und Reden waren es, die dem Zisterzienserorden im 12. Jahrhundert großen Zulauf aus allen Teilen der Bevölkerung bescherten. Junge Adelige ebenso wie Bauern und Handwerker wollten Teil einer asketischen Gemeinschaft werden, die auf jeden Überfluss verzichtete und ein Leben führte, das ganz auf das Stundengebet, körperliche Arbeit und Spiritualität ausgerichtet war. Bernhard von Clairvaux rief im Verlauf seiner Tätigkeit als Abt etwa 70 weitere Klöster ins Leben, bis zu seinem Tod standen 160 Klöster unter seiner Obhut. Einen einzigartigen und geschichtsträchtigen Ort schildert der unbekannte Zisterziensermönch aus Clairvaux uns demnach in seinem Brief.

<u>Ora et labora</u> Die Mönche von Citeaux wollten die Regel des heiligen Benedikt ohne Abstriche strikt befolgen, um ein asketisches, armes, demütiges und ganz auf die Schau Gottes ausgerichtetes Leben zu führen. Einerseits waren sie von der Begeisterung für das Einsiedlerleben inspiriert, wie es die Wüstenväter in der Frühzeit des Christentums vorgemacht hatten. Fern vom Lärm der Welt und von den vielfältigen Abhängigkeiten und Verpflichtungen gegenüber Stiftern und Grundherren wollten sie leben. Daher suchten die Zisterzienser unter Abt Robert und später unter Bernhard die Abgeschiedenheit und verlegten ihre Klöster in abgelegene, unzugängliche Gebiete. Andererseits sorgten das gemeinsame Stundengebet, gemeinschaftlich genutzte Speisesäle, Schlaf- und Arbeitsräume bei gleichzeitiger strenger Schweigedisziplin für ein geregeltes Leben in einer Gemeinschaft, in der man nur selten wirklich allein war.

Besonders wichtig war es den Brüdern und Schwestern, den Lebensunterhalt von der Arbeit ihrer eigenen Hände zu bestreiten, anstatt von den allgemein üblichen Einkünften aus der Tätigkeit anderer. So war es bisher in Klöstern üblich gewesen, Klosterland als Lehen an die Bauern der Umgebung zu verpachten, die dafür einen Teil des erwirtschafteten Ertrages zurückgaben. Zum Kloster gehörige Pfarreien zahlten Abgaben. Durch Stiftungen und Erbschaften vermehrte das Kloster seinen Reichtum zusätzlich, so dass Kirche und Altäre mit Bildern, farbigen Fenstern und kostbaren Gegenständen ausgestattet werden konnten. Der anwachsende Grundbesitz wurde von den Mönchen nicht allein bewirtschaftet. Zahllose Bedienstete nahmen den Ordensleuten die schwere Arbeit in der Landwirtschaft, die Pflege des Viehs oder die handwerklichen Tätigkeiten ab, damit sie sich ganz auf das Gebet, das Schreiben und das Studium der heiligen Bücher konzentrieren konnten. Da die Mönche und Nonnen zum größten Teil adeliger Herkunft waren, bedeutete die vollständige Abkehr von weltlichem Prunk, feudalen Strukturen, Lehenswesen und Leibeigenen und die zisterziensische Hinwendung zur körperlichen Arbeit einen radikalen Bruch mit den bisherigen Vorstellungen vom Mönchtum und seinen Privilegien. War körperliche Mühe doch damals nur Sache der verachteten Knechte und Bauern. Für die Zisterzienser hingegen gehörten die in der Benediktregel geforderte Handarbeit, also körperliche Arbeit im Garten, im Wald oder im Stall, und religiöse Kontemplation zusammen. *Ora et labora* – bete und arbeite – war ihr Leitspruch. Dementsprechend wurde das eine als die Fortsetzung des anderen begriffen. Bernhard von Clairvaux drückt es in einer Predigt so aus: „Ist doch Martha die Schwester Marias. So kann die Seele, wenn sie das Licht der Kontemplation verlässt, sich nicht in den Fallen des Müßiggangs verfangen." (Er bezieht sich dabei eine Episode aus dem Evangelium, in der Martha als geschäftige Hausfrau ihrer Schwester Maria gegenübergestellt wird, die andächtig und tatenlos Jesu

Worten lauscht.) Die Benediktiner, die weiterhin der alten Art des klösterlichen Lebens anhingen, waren hingegen der Auffassung, der heilige Benedikt habe die Arbeit nur als Mittel gegen den Müßiggang eingeführt, dem man auch ohne körperliche Arbeit mit dem Studium der Bücher oder im Chorgebet begegnen könne.

Um das enorme Arbeitspensum zu bewältigen, das der Neubau des Klosters und dessen Bewirtschaftung den Zisterziensern abverlangte, wurden viele Hände gebraucht. Laienbrüder, im zisterziensischen Sprachgebrauch Konversen genannt, halfen ihnen dabei. Wohl gab es Laienbrüder (oder -schwestern) auch in jedem Benediktinerkloster. Meist waren es Bauern oder Handwerker ohne die Fähigkeit, lateinisch lesen und schreiben zu können, die am Leben der Klostergemeinschaft teilhaben wollten und dafür ihre Arbeitskraft einbrachten. Doch zog gerade die neuartige Lebensweise der Zisterzienser in den ersten Jahren besonders viele einfache Menschen an, die sich der Gemeinschaft als Konversen anschließen wollten. Die Konversen legten im Unterschied zu den Vollmönchen nicht alle Gelübde ab. Sie wurden, soweit das bekannt ist, auch nicht zu einem späteren Zeitpunkt in den Stand der Vollmönche aufgenommen und konnten nicht zum Priester geweiht werden. Dennoch lebten Konverse und Vollmönche gemeinsam im Kernbereich des Klosters. Der relativ enge Zusammenhalt zwischen beiden Gruppen war eine echte zisterziensische Eigenheit, für die es kein benediktinisches Vorbild gab.

Gleichgestellt waren sie jedoch nicht. Die Konversen hatten ihre eigenen Speise- und Schlafsäle. Sie beteten getrennt von den Mönchen in einem eigenen Bereich der Kirche. In vielen Zisterzienserkirchen, wie etwa in Doberan oder Maulbronn, ist diese Zweiteilung der Kirche durch eine Art Zaun, den so genannten Lettner, noch erhalten. Aufgrund ihrer vor allem auf Landwirtschaft und Handwerk ausgerichteten Arbeit, die häufig auf den Außenstellen des Klosters, den Grangien, verrichtet wurde, hatten die Konversen zudem andere und kürzere Gebetszeiten. Von den Vollmönchen unterschieden sie sich durch ihren Bart und die braune Kutte, während jene ein weißes oder graues Habit aus ungebleichter Wolle trugen.

Leben im Tal Die Zisterzienser errichteten ihre Klöster bevorzugt in einsamen und schwierig zu besiedelnden Tälern. Das ist eine Eigenheit des Ordens, an der man die Anlagen bereits von außen erkennen kann, während die Benediktiner mit Vorliebe in der Höhe auf Hügeln oder Bergen lebten und später die Dominikaner und Franziskaner das Leben bei der Bevölkerung in den Städten und Dörfern suchten. Auch Bernhards Kloster Clairvaux lag in einem Tal, aus dem sich auch dessen Name ableitet: Clairvaux kommt von *clara vallis* – „lichtes Tal".

Der Kern einer jeden zisterziensischen Klosteranlage war neben dem Ort für das Gebet sicherlich der Garten, um die Ernährung der Gemeinschaft in der Wildnis zu sichern. Bernhard betrachtete Gartenbau, Landwirtschaft und Architektur als gleichwertig und soll ein begeisterter Gärtner und Landarbeiter gewesen sein, der besonders gerne das Getreide mit der Sichel schnitt. Auch unser Briefschreiber schildert die Mönche von Clairvaux bei der Landarbeit, bei der Pflege des Waldes, dem Graben, dem Hacken und Schneiden von Dornen und Unkraut. Die für Zisterzienser typische Waldarbeit hielt ein Buchmaler des Ordens im Bild fest: Auf den Miniaturen sind Mönche und Konversen in Arbeitskleidung beim gemeinsamen Holzhacken oder beim Fällen eines Baumes zu bewundern. Obwohl die Mönche im Wald hart arbeiteten, beschreibt der Autor des Briefes ihre Tätigkeit als lieblich und angenehm durch die herrschende Ruhe. Tatsächlich schwiegen die Zisterzienser ja fast den ganzen Tag. Um sich zu verständigen, benutzten sie eine besondere Zeichensprache. Der Autor zeichnet uns in seinem Brief ein stilles, friedliches Bild von gepflegten Wäldern, Obstgärten und Weinreben, die ein

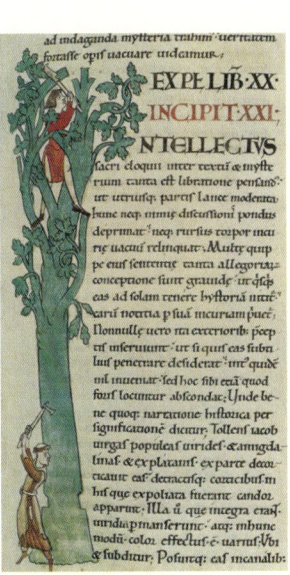

Zwei Miniaturen aus dem Kloster Cîteaux zeigen Mönche bei der Waldarbeit.

Kloster umgeben, das von Kanälen klaren Wassers durchströmt wurde.

Mit ihrer Hände Arbeit hatten die Mönche von Clairvaux die Wildnis im Tal der Aube in einen fruchtbaren Garten verwandelt. Es war eine Anlage, die sich selbst genügte und die keinen Kontakt zur Welt pflegen musste. Holz, Wasser, Wein und Obst stehen stellvertretend für die handwerklichen und gärtnerischen Fähigkeiten und damit für die wirtschaftliche Unabhängigkeit der Mönche, für die auch im Krankheitsfalle bestens gesorgt war. Mit eingestreuten Zitaten aus dem Hohenlied der Bibel verwandelt unser Autor die Gärten von Clairvaux in ein Paradies, in dem sich die Kranken auf dem Rasen unter dem kühlen Schatten der Bäume erholen, sich an Farbe und Duft der Vegetation, an der frischen Luft und am Gesang der Vögel erfreuen.

Gartenspuren Über die Geschichte des Zisterzienserordens, ihre Wirtschaftsform, ihre Klosterarchitektur und über Bernhard von Clairvaux ist schon viel geschrieben worden. Ihre für das alltägliche Leben so wichtigen Gärten wurden hingegen bisher kaum beachtet. Die zisterziensischen Gärten standen immer im Schatten der besser untersuchten Anlagen der Benediktiner, die gerne als Idealbild mittelalterlicher Klostergärten präsentiert wurden, während Zisterzienser als die Techniker, Ökonomen und nüchternen Arbeiter galten. Diese Sicht ist, wie ich finde, zu einseitig und entspricht so gar nicht der gärtnerischen Praxis der Zisterzienser. Denn in der Rückbesinnung auf die Grundprinzipien der benediktinischen Regel und in dem Wunsch, im Kloster möglicht unabhängig von der Außenwelt zu existieren, entwickelten gerade die Mitglieder dieses Ordens effektive Techniken für die Urbarmachung und ertragreiche Bewirtschaftung des Landes. Bemerkenswert sind auch die Ergebnisse, die der Orden in der Nutzpflanzenzüchtung erzielen konnte. Einige von den Zisterziensern erstmals kultivierte Gewächse kennen wir sogar heute noch, etwa die Chardonnay-Traube oder die graue französische Renette, die Urform aller heutigen Renettenäpfel.

Dennoch wissen wir trotz der enormen Verdienste des Ordens um die Kultivierung der europäischen Wildnis über ihre Klostergärten und die gärtnerische Praxis nur sehr wenig. Dafür gibt es verschiedene Gründe; einige seien hier genannt: Viele wichtige zisterziensische Klosterbauten aus dem 12. und 13. Jahrhundert, wie Citeaux, La Ferté und Clairvaux, wurden abgebrochen, nur wenige architektonische Reste haben sich erhalten, von den Gärten fehlt jede Spur. Blieben Klöster wie Doberan, Eberbach oder Maulbronn in Deutschland erhalten, wandelten sich doch häufig ihre Funktionen. Damit änderten sich im Verlauf der Jahrhunderte Ansprüche und Bedürfnisse der Bewohner, denen auch in der Veränderung der Gartenanlagen Rechnung getragen wurde. So gibt es etwa in dem im 12. Jahrhundert gegründeten Kloster Eberbach im Rheingau keine mittelalterlichen Kräuter- Gemüse- oder Obstgärten mehr, dafür aber schöne Zieranlagen aus dem 18. Jahrhundert und den privaten Garten des Abtes mit wunderbar aromatischen Johannisbeeren. Ein privater Garten für den Abt hätte dem reformatorischen Geist der Zisterzienserordens in den ersten Jahren jedoch gewiss widersprochen. Verständlicher wird die Anlage privater Gärten im Kloster, wenn man weiß, dass die Zisterzienser ihren Anspruch auf Autarkie und ihre strenge Lebensweise bereits im späteren Mittelalter wieder aufgaben. Für seine schon im Mittelalter angelegten Weinberge ist das inzwischen staatliche Weingut Eberbach jedoch heute noch berühmt.

Wie überall in der Gartenkunst verdrängen die jüngeren Gärten die älteren häufig so gründlich, dass nur sehr wenige Nachrichten und Spuren erhalten geblieben sind. Tatsächlich sind ausnahmslos alle sogenannten „mittelalterlichen Gärten" in den heute noch erhaltenen Klöstern des Zisterzienserordens mit mittelalterlicher Bausubstanz mehr oder weniger gelungene Rekonstruktionen. Kein

---

Inmitten von Lavendelfeldern liegt die südfranzösische Zisterzienserabtei Senanque.

FOLGENDE DOPPELSEITE
Den Abtsgarten von Kloster Eberbach schmücken aromatische Johannisbeeren.

RIBES S. Johans beerlin.

originaler Garten hat sich erhalten, auch wenn die Gärten vielleicht an den ursprünglichen Orten neu angelegt wurden und eine möglichst originale Bepflanzung angestrebt wurde. Aber was bedeutet schon der Begriff „originale mittelalterliche Bepflanzung"? Als Mittelalter bezeichnen wir eine Epoche, die ganz Europa von den schottischen Hebriden bis nach Sizilien umfasste und die grob geschätzt 1000 Jahre dauerte. Pflanzen, die unter Karl dem Großen im 9. Jahrhundert noch verbreitet waren, verloren im Verlauf der Jahrhunderte an Bedeutung, weil sich über die Jahrhunderte der Geschmack der Menschen änderte. Viele uns heute vertraute Pflanzen, die wir guten Gewissens als mittelalterlich bezeichnen, kamen erst im weiteren Verlauf der Epoche zu uns. So etwa die Gartennelke, die in vielen mittelalterlichen Gebetbüchern und Mariendarstellungen ihren Platz hat, aber erst im 15. Jahrhundert ihren Weg nach Mitteleuropa fand. Authentische „mittelalterliche" Gemüsepflanzen, also Gewächse, die heute noch so aussehen und schmecken wie im 12. Jahrhundert, gibt es wohl kaum noch. Denn Pflanzenzüchtungen sind häufig sehr kurzlebig. Neue Sorten entstehen, alte kommen aus der Mode – und das innerhalb weniger Jahrzehnte. Alle Apfelsorten, die in der Landgüterverordnung Karls des Großen, dem *Capitulare de villis*, genannt werden, sind heute verloren. Viele so genante „alte" Obstsorten oder Rosen stellen sich bei genauerer Recherche als höchstens 200 bis 300 Jahre alt heraus. Oder denken wir an altvertraute Gemüse wie Kohl und Mohrrüben. Auch sie sehen heute anders aus als ihre Vorfahren aus dem Mittelalter. Neuzeitlichem Gemüse wie Paprika, Auberginen und Chicorée wurden innerhalb weniger Jahre die Bitterstoffe weggezüchtet. Sie schmecken heute wesentlich milder (und fader) als noch zur Zeit unserer Eltern und Großeltern. Die Pflanzen tragen zwar noch die alten Namen, doch ob Bernhard und seine Ordensbrüder tatsächlich Kohl und Bohnen gegessen haben oder Blumen betrachteten, wie wir sie heute kennen, bleibt fraglich.

Fast jedes Kloster besaß eigene Weinberge, um sich mit Messwein zu versorgen.

<u>Gartennachrichten aus dem Mittelalter</u> Bei neu angelegten und im mittelalterlichen Stil gestalteten Gärten in Zisterzienserklöstern geht es vor allem darum, den Geist und das Aussehen alter Anlagen nachzuformen und einen Eindruck von der Vielfalt der genutzten Pflanzen zu geben. Der Garten des Zisterzienserklosters Amelungsborn etwa bietet einen Überblick über Gartenpflanzen vom 9. bis zum 16. Jahrhundert und stützt sich bei der Gestaltung ganz auf alte Bilder und Texte und nicht auf archäologische Befunde. So stand die exakte Rekonstruktion des Kräutergartens in diesem Kloster nicht im Mittelpunkt der Planung.

Bildnerische Grundlagen für die Rekonstruktion eines mittelalterlichen Gartens sind vor allem Buchmalereien, alte Pläne und Altarbilder. Zu beachten ist dabei, dass es sich gerade bei den Bildern meist nicht um spezielle Illustrationen für Gartenhandbücher handelt, sondern um religiöse Darstellungen aus dem späten Mittelalter, in denen die Jungfrau Maria, heilige oder biblische Szenen dargestellt sind und die das Thema des sogenannten „Paradiesgartens" variieren. Dennoch spielt die religiös geprägte Bildsymbolik, wie wir später noch sehen werden, auch für die Betrachtung der zisterziensischen Gärten eine wichtige Rolle.

Weitere Nachrichten zur Rekonstruktion der Klostergärten bieten zeitgenössische Gartenbeschreibungen wie unser Brief aus Clairvaux, aber auch literarische Texte aus den Romanen und Gedichten der Zeit. Die heilkundige Äbtissin Hildegard von Bingen setzte sich im 12. Jahrhundert in ihrem Buch „Physica" mit den medizinischen Eigenschaften der Pflanzen auseinander. Der gelehrte Mönch Albertus Magnus schrieb im 13. Jahrhundert sogar „Sieben Bücher über die Gewächse" und beschäftigte sich darin mit allgemeiner Botanik, den besonderen Eigenschaften der Pflanzen und mit allen Fragen zum Gartenbau. Einen weiteren Fachtext zum Gartenbau hat der Abt von Reichenau Walahfried Strabo im 9. Jahrhundert hinterlassen, nämlich das Gedicht „*Hortulus*", „Das Gärtchen". Pflanzenlisten kennen wir aus dem von Kaiser Karl dem Großen herausgegebenen *Capitulare de Villis* oder aus dem „Lorscher Arzneibuch". Die beiden einzigartigen Klosterpläne von St. Gallen und dem Kloster Christchurch in Canterbury verraten uns, wo sich innerhalb der Klostermauern Gärten befanden.

All diese Nachrichten zur Geschichte des mittelalterlichen Gartens haben jedoch einen großen Nachteil: Sie stammen weder von der Hand zisterziensischer Ordensmitglieder noch wurden sie für den Orden angefertigt. Albertus Magnus war Dominikaner, Walahfried und Hildegard waren Angehörige des Benediktinerordens, auch die beiden Pläne bilden benediktinische Klöster ab. Da der zisterziensische Orden auf der Reform der benediktinischen Regel gründete und vieles von den Benediktinern übernahm, ist dies vermutlich nicht weiter problematisch. Bernhard von Clairvaux und Hildegard von Bingen standen sogar in Briefkontakt.

Interessant ist jedoch, dass sich die Mönche und Nonnen des Zisterzienserordens im 12. und 13. Jahrhundert offenbar überhaupt nicht schriftlich zum Gartenbau geäußert haben. Sie haben keine Texte über ihre Zuchterfolge, über heilkundliche Rezepte, besondere Anbaumethoden, über den Weinbau oder ihre Nutzung der Wasserkraft hinterlassen. Als kontemplativer Orden ohne wissenschaftliche oder gelehrte Interessen unterhielten die Mitglieder in der Frühzeit des Ordens keine Klosterschulen und studierten auch nicht. Das Studium der Medizin war ihnen sogar untersagt, und das, obwohl alle Zisterzienserklöster auch Hospitäler unterhielten, doch dazu mehr im übernächsten Kapitel. Das botanische Wissen und die gärtnerische Fachkenntnis der Zisterzienser war praktischer Natur. Wie die Bauern außerhalb der Klostermauern erwarben sie ihr Wissen durch die tägliche Arbeit und durch die mündliche Weitergabe ihrer Erfahrungen. Das Theoretisieren und die Einbindung in den Wissenskanon ihrer Zeit überließen sie anderen.

Die Suche nach Spuren mittelalterlicher Klostergärten der Zisterzienser ist beschwerlich und faszinierend zugleich. Denn etwas Besonderes müssen ihre der Wildnis abgetrotzten Gärten auf jeden Fall gewesen sein. Sie waren zweifellos in erster Linie Nutzgärten, denn an Ziergärten hatte der Orden damals kein Interesse. Sie waren die Haupternährungsquelle für eine asketische Gemeinschaft, die sich von dem ernähren wollte, was der Boden hergab, weitgehend auf Fleisch verzichtete und sich gegen die opulenten Schlemmermähler in anderen Klöstern stellte. Gleichzeitig stehen die Gärten in einem besonderen Kontrast zur nüchternen und strengen Architektur des Klosters, die nur wenig Farbe, Schmuck und religiöse Symbole in seinen Räumen zuließ und die kostbare Ausstattung mit Gold, Edelstein und prunkvollen Messgewändern für unnötig befand. Farbe und Duft der Pflanzen, Vogelgesang, Wassergeplätscher, das waren die sinnlichen Genüsse – so deutet es bereits der Briefautor an – die einem Mönch zustanden, und die ließen sich vor allem im Garten finden.

Dennoch kann man aus dem großen Chor von Nachrichten aus dem gartenbegeisterten Mittelalter einige Stimmen isolieren und genauer anhören. Sie erzählen viele kleine Geschichten, die durchaus einen Eindruck von den Gartenvorstellungen und den Gärten der Zisterzienser vermitteln. Dieses Buch beschäftigt sich jedoch nur mit einem kleinen Teil der Gartengeschichte des Zisterzienserordens. Es konzentriert sich auf die mittelalterlichen Gärten, die zur Zeit Bernhards und seiner Nachfolger im 12. und 13. Jahrhundert angelegt wurden, in der Zeit, in der der Orden seine Hoch- und Blütezeit erlebte und die Gärten und ihre Gewächse einen reizvollen Kontrast und notwendigen Ausgleich zur asketischen Lebenswelt, der strengen und weitgehend schmucklosen Architektur darstellten. Thema sind die Gärten innerhalb der Klostermauer. Im Mittelpunkt steht die Frage nach den Gartenformen, den darin angebauten Pflanzen und ihrer Bedeutung für das alltägliche Leben der Mönche und Nonnen des Zisterzienserordens.

Spalierobst, wie hier in Kloster Bebenhausen, ist zwar eine nachmittelalterliche Erfindung, doch nutzte schon Walahfried Strabo die Wärme der südlichen Gartenmauern für Rankgewächse wie den Feldkürbis oder auch für Weinreben.

Plätze für den Garten

Wenn möglich, ist das Kloster so anzulegen, dass alles Notwendige, nämlich Wasser, Mühle, Garten und die verschiedenen Berufe, innerhalb des Klosters ausgeübt werden können. So brauchen die Mönche nicht draußen herumzulaufen, was ja ihren Seelen keineswegs zuträglich ist.
66. Kapitel der Benediktsregel

LINKE SEITE
Auf einem Hügel gegründet, wurde das Kloster Bebenhausen wenige Jahre später in ein Zisterzienserkloster umgewandelt.

Kloster Bronnbach verrät schon in seinem Namen die typisch zisterziensische Nähe zum Wasser.

Der heilige Benedikt von Nursia empfiehlt in seiner Regel aus dem 6. Jahrhundert, das Kloster so anzulegen, dass alles Notwendige zum Leben innerhalb des Klosterbezirks liegt. Die Mönche hatten sich ja mit Eintritt in die Gemeinschaft dazu verpflichtet, an einem Ort zu bleiben und ihn möglichst nicht zu verlassen. Die Zisterzienser nahmen diesen Punkt der Regel sehr ernst, und sie versuchten weitgehend autark zu leben. So funktionierten ihre Klöster in ökonomischer Hinsicht wie weltliche Gutsbetriebe, in denen alles selbst erzeugt wurde. Die wunderschön erhaltenen Anlagen in Maulbronn sind ein gutes Beispiel dafür. Zum Klosterkomplex gehörten eine Wagnerei, eine Schmiede, Pferdestall und Melkstall, Wagenremise, Kornspeicher, Klostermühle, Klosterbäckerei, Kelter und Küferei. Darüber hinaus gab es in vielen Zisterzienserklöstern Kühlhäuser, Hufschmiede, Kerzenmacher, Schuhmacher, Öl-, Getreide- und Walkmühlen, Webereien, Gerbereien und noch vieles mehr, was die Selbstversorgung der Klostergemeinschaft gewährleistete. Um die Autonomie des Klosters nach außen besser zu schützen, wurde seit dem 13. Jahrhundert nicht nur der Klausurbereich der Mönche mit Dormitorium, Refektorium, Kirche und Kreuzgang, sondern auch der Bereich der Wirtschaftsgebäude des Klosters von Mauern umgeben. Auch Maulbronn wird von einer hohen Mauer mit Türmen und einem mächtigen Torhaus umfasst.

Pläne aus St. Gallen und Canterbury Wo aber befanden sich die Gärten, von denen Benedikt in seiner Regel spricht? Wie wir bereits gesehen haben, gibt es von den mittelalterlichen Klostergärten nur wenige Spuren. Glücksfälle für den neugierigen Gartenforscher sind daher zwei einzigartige mittelalterliche Pläne, auf denen die verschiedenen Gärten des inneren Klosterbezirks verzeichnet sind. Der große Klosterplan von St. Gallen wurde im 9. Jahrhundert gezeichnet. Er gilt heute meist als idealtypischer Plan eines Benediktinerklosters und seiner Anlagen. Ob er je bis in all seine Einzelheiten

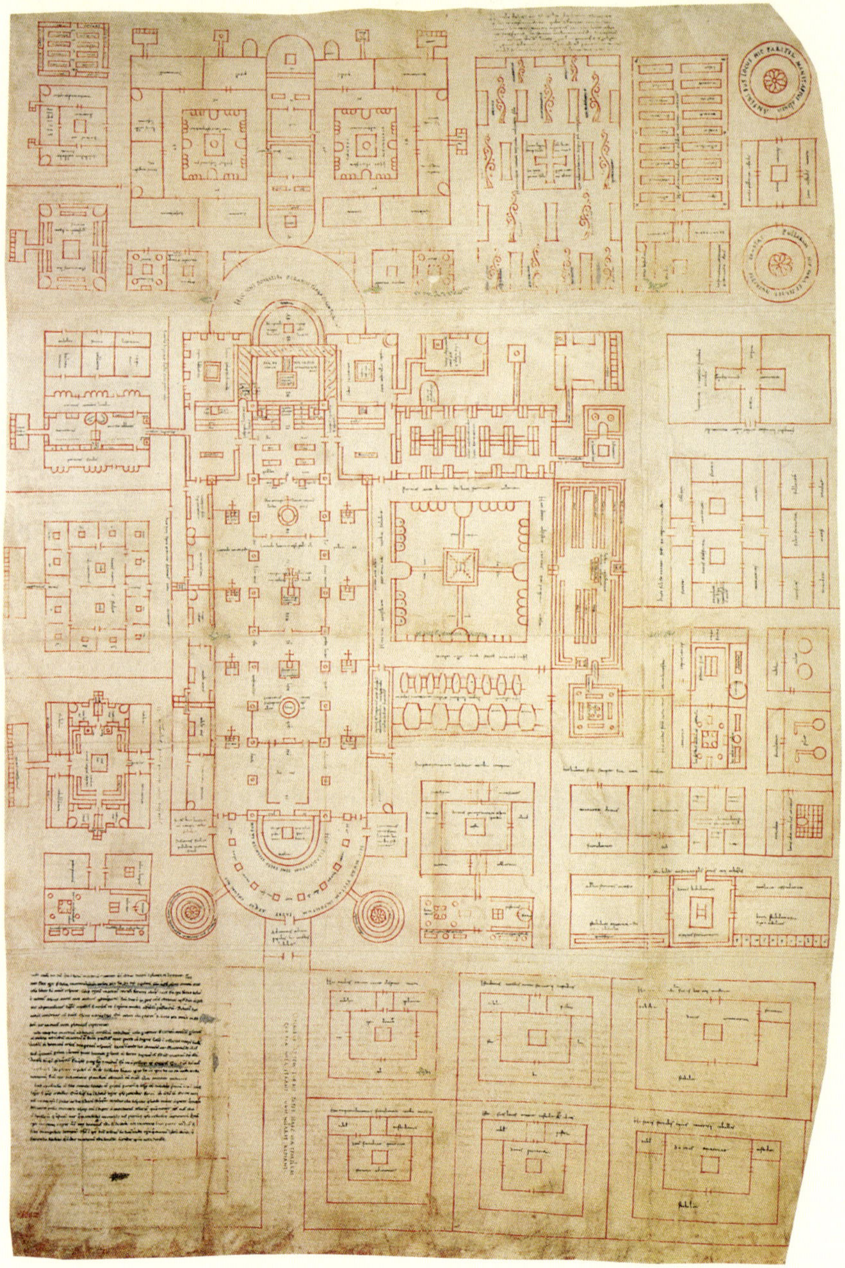

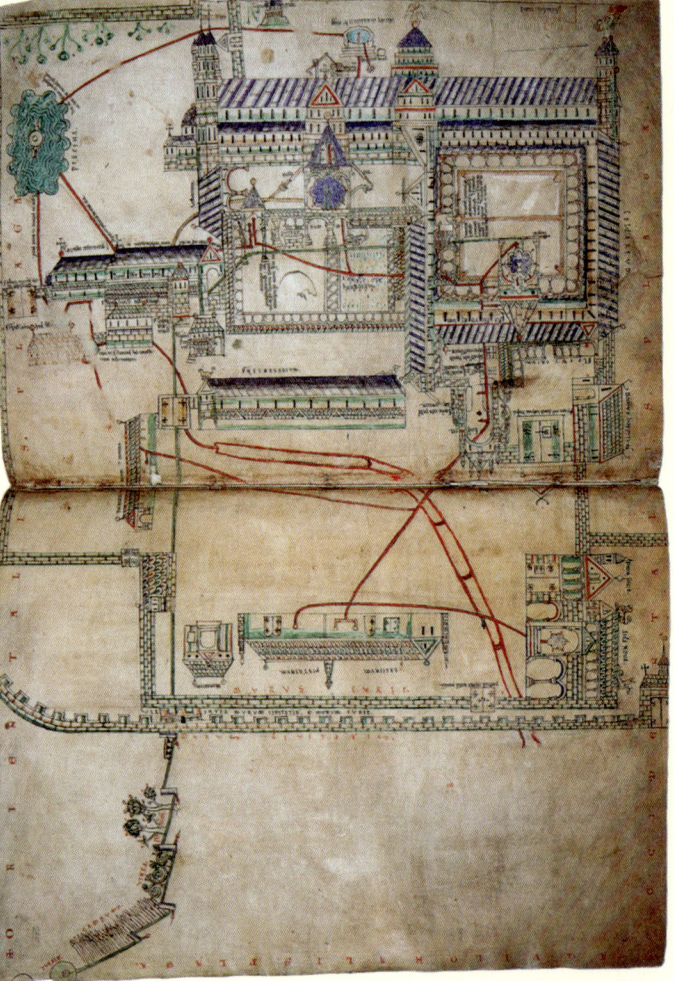

RECHTE SEITE
Im Kreuzgang von Maulbronn

Die Klosterpläne von St. Gallen und Christchurch sind Glücksfälle für die Gartenforscher.

verwirklicht wurde, ist nicht bekannt. Bis ins 17. Jahrhundert wurde er jedenfalls für Klosteranlagen als Vorbild herangezogen, und auch sein Vorschlag zur Gestaltung der Gärten sollte das ganze Mittelalter hindurch maßgebend bleiben. Vom Kreuzgarten im Herzen der Klausur im Kreuzgang einmal abgesehen, befinden sich die Gärten des Plans alle in einer Achse östlich von der Kirche, am rechten Rand. Sie werden von entsprechenden Nutzungsgebäuden wie etwa der Krankenstation oder dem Gärtnerhäuschen begleitet. Der Plan unterscheidet zwischen dem Heilkräutergarten – *herbularius* –, dem Gemüsegarten – *hortus* – und dem *pomarius* – Obstgarten –, der gleichzeitig als Friedhof der Mönche dient.

Baumgarten und Heilkräutergarten finden wir ebenso auf dem um 1150 gezeichneten Plan des Benediktinerklosters Christchurch in Canterbury. Der Plan ist im hinteren Teil des sogenannten „Canterbury Psalter" versteckt, einer kostbaren, im Kloster Christchurch verfassten Abschrift des biblischen Buchs der Psalmen, die heute im Trinity College in Cambridge aufbewahrt wird. Der Plan ist unter Fachleuten berühmt, weil er das Kanal- und Wassersystem des Klosters nach den Entwürfen Wiberts, des Priors von Christchurch, illustriert. Darüber hinaus zeigt der Plan auch die verschiedenen Gärten der Priorei. Wie auf dem St. Galler Plan gibt es bei Wibert einen Kreuzgarten, einen Kräutergarten und einen Obstgarten mit Friedhof: Auf Wiberts Plan ist zu erkennen, dass die beiden Abteilungen des Friedhofs mit eigenen Zugangstoren und Wasserbecken ausgestattet sind. Dass der Friedhof ebenso wie auf dem St. Galler Klosterplan als Garten betrachtet wurde, ergibt sich aus den blühenden Pflanzen oder Bäumen, die Wibert eingezeichnet hat, und aus dem Wasserbecken in der Mitte des Geländes, in dem Fische gehalten wurden. Vielleicht wurden hier sogar medizinisch wirksame Wasserpflanzen gepflegt. Ähnlich erscheint auf beiden Plänen auch die Anlage des ebenfalls eingezäunten Heilkräutergartens in der Nähe des Krankenreviers. Die Pflanzen scheinen ebenfalls in langen Beeten in Reihen nebeneinander zu wachsen. Im Unterschied zum St. Galler Klosterplan fehlt in Christchurch jedoch der Gemüsegarten. Da die Priorei zu den reichsten und mächtigsten Klöstern in ganz England gehörte, wurde auf Selbstversorgung im Sinne der benediktinischen Regel wohl nicht mehr viel Wert gelegt. Die Mönche erhielten das nötige Gemüse vermutlich von den dem Kloster zugehörigen Ländereien.

Ein Garten für den Abt Auf dem St. Galler Plan nicht vermerkt ist das Haus des Priors, das mit einem angrenzenden Garten am linken Rand von Wiberts Plan zu erkennen ist. Der Prior ist in benediktinischen und zisterziensischen Klöstern dem Abt unterstellt und vertritt ihn im Kloster in allen Fragen der Ordnung und Verwaltung. Das Haus des Priors in Canterbury entspricht daher dem des Abtes in anderen Klöstern. Äbte und Priore hatten in späteren Jahrhunderten häufig auch außerhalb der Klostermauern weitere Residenzen mit entsprechenden Gärten. Eigene Wohnungen oder Häuser für die leitenden Ordensmitglieder waren im Mittelalter üblich, wenn auch nach der Regel des heiligen Benedikts der Abt eigentlich gemeinsam mit den Mönchen im Dormitorium schlafen sollte. Aus der einstigen Schlafkammer, die im Dormitorium abgetrennt wurde, entstand die eigene Zelle, daraus wurde später eine Wohnung oder ein Haus. Tatsächlich waren die Aufgaben des Abtes vielfältig. In weltlicher Hinsicht entsprach seine Position der des Grundherrn eines Guts. Religiös gesehen, vertrat er im Kloster die Stelle Christi und hatte in den Benediktinerkonventen absolute Autorität. Der Abt trug Verantwortung auf weltlichem, kirchlichem und klösterlichem Gebiet. Angesichts der vielfältigen Verpflichtungen war es durchaus einsichtig, dass der Abt eine eigene Wohnung hatte, um sich seinen Aufgaben besser widmen zu können, ohne die Brüder während der Ruhezeiten zu stören. Die Zisterzienser hielten sich zumindest am Anfang in der Frage der Abtswohnung strenger an die Regel. Allerdings dauerte der demokratische Zustand auch

Im Garten Bernhards von Clairvaux wuchsen Erbsen, deren Blüten süß dufteten.

in diesem Orden nicht lange an, denn schon bald bekam der Abt einen eigenen Raum. In Eberbach hat sich die Zelle des Abtes aus dem 12. Jahrhundert erhalten. Sie liegt im ersten Stock über der Bibliothek und der Sakristei und grenzt direkt an das Mönchsdormitorium. Einen eigenen Garten hatte der Bewohner dieser Zelle offenbar nicht. Aelred, Abt im englischen Zisterzienserklosters Rievaulx in Yorkshire, ließ sich in den 1160er Jahren ein eigenes Haus bauen. Sein Bau war wegen des schlechten Gesundheitszustandes vom Generalkapitel angeordnet worden, aber auch die Nachfolger nutzten das Haus für sich. Ob es vielleicht auch einen eigenen Garten hatte? Bernhard von Clairvaux bewohnte ebenfalls wegen seiner geschwächten Gesundheit und um ungestört meditieren zu können, ein eigenes Häuschen, das auf einem Plan des Klosters Clairvaux aus dem 18. Jahrhundert noch zu erkennen ist. Zu diesem Haus gehörte ein Garten in dem, wie es heißt, Erbsen rankten.

Wie hat Bernhard oder irgendein anderer Abt in dieser Zeit seinen Garten wohl genutzt und wie sah er aus? Der Plan von Clairvaux gibt auf diese Frage ebenso wenig Auskunft wie der von Prior Wibert. Da die Abtswürde dem Titel des adeligen Gutsbesitzers entsprach, könnte der Garten des Priors von Christchurch auf Wiberts Plan alle Merkmale des weltlichen Ziergartens auf einer Burg aufgewiesen haben, so wie ihn etwa Albertus Magnus in seiner Abhandlung beschrieben hat. Solche Ziergärten dienten bereits damals allein dem Vergnügen und der Erholung. Blumen, Kräuter und Bäume wurden ihrer Farbe, ihrer Gestalt oder ihres Duftes wegen angepflanzt. Wirtschaftliche Ertrag und praktischer Nutzen für die Klostergemeinschaft waren nicht das Ziel einer solchen Anlage. Vielleicht hat der Vertreter des Erzbischofs von Canterbury in Christchurch seine herausragende Stellung innerhalb des Konvents mit einem solchen Garten demonstriert. Doch wissen wir über das Aussehen und die Funktion der frühen Abtgärten im Kloster kaum etwas. Ebenso wenig ist bekannt, wer sie tatsächlich gepflegt hat.

Blumenschmuck und Ziergarten Klöster sollte man nicht als statisch feststehende Einrichtungen begreifen. Sie waren (und sind) immer dynamische Organismen, die sich ständig veränderten und sich den geänderten Umständen anpassten. Im Hinblick auf die Gärten bedeutet dies, dass – entgegen der Benediktsregel, die keinerlei persönliches Eigentum vorsah und bestimmte, dass alle Einrichtungen des Klosters gemeinschaftlich genutzt wurden – neben dem Abt unter Umständen auch andere leitende Angehörige des Klosters einen Garten beanspruchen konnten, der allerdings nicht immer als privat gelten musste. Sakristar, Kellerar, Almosenpfleger, Gästemeister und manchmal sogar der Pförtner konnten bei den Benediktinern eigene Gärten besitzen, um das für ihre Arbeit Nötige anzubauen und die anderen Gärten zu entlasten. So gehörte zu den Aufgaben des Sakristars etwa die Sorge um die Gerätschaften für den Gottesdienst und damit auch die Bereitstellung der benötigten Blumen und Gewächse für die Kirchenfeste. Lorbeer, Stechpalmen und Efeu wurden im Mittelalter für Weihnachts-

LINKE SEITE
Weinrebe im Garten von Kloster Bebenhausen

Auf Stefan Lochners Bild „Darstellung im Tempel" erkennt man Stechpalmen auf dem Fußboden.

feierlichkeiten verwendet, Stechpalmen wurden auch für die Prozession an Maria Lichtmess gebraucht. Sie sind auf Stefan Lochners Altarbild mit der „Darstellung im Tempel" auf dem Fußboden zu erkennen. Eibe und Weidenkätzchen waren Palmzweigersatz für die Palmsonntagsprozession. Birkenzweige im Mai, rote Rosen und duftender Waldmeister für Kränze und Girlanden am Fronleichnamsfest, Rosen und Lilien für die Feste der Heiligen waren zumindest im späten Mittelalter gern verwendete Pflanzen. Dennoch wissen wir nur wenig darüber, inwieweit im 12. Jahrhundert Kirchen – seien es Kathedralen, Pfarr- oder Klosterkirchen – überhaupt mit Blumen geschmückt wurden. Mit Sicherheit standen keine Blumenvasen auf dem Altartisch, so wie wir das heute aus evangelischen und katholischen Kirchen kennen. Heiligenfiguren, Fenster, Wände, Türen und Fußböden hingegen dürften auch damals schon geschmückt worden sein. Bernardin Schellenberger schreibt in dem lesenswerten Buch über sein Leben als Zisterziensermönch, dass die strengen Ordensregeln in den 1960er Jahren nur einen einzelnen Blumenstrauß in der Kirche erlaubten. Wie haben es wohl die Zisterzienser zur Zeit Bernhards von Clairvaux gehalten?

Persönliche Ziergärten für den Abt eines Zisterzienserklosters wird es vermutlich zur Blütezeit des Ordens im 12. und 13. Jahrhundert nicht gegeben haben. Die Vorstellung eines reinen Ziergartens zum Vergnügen hätte dem Reformgedanken des asketisch lebenden Ordens, der allen äußeren Prunk ablehnte, Kirchenschmuck auf das notwendigste reduzierte und Gott in der Arbeit und religiösen Versenkung suchte, doch deutlich widersprochen. Tatsächlich gab es sogar Stimmen, die durch den Anblick und Duft roter Rosen oder grünen Grases im Garten Schlimmes für die Seele befürchteten, wenn die Betrachtung allein dem sinnlichen Vergnügen diente. Auch unser Briefschreiber aus Clairvaux entwirft das Paradies des bunten, duftenden und klingenden Gartens allein zum Trost für die Kranken, während die gesunden Mönche in den umliegenden Wäldern arbeiten.

Wein Abt Wiberts Plan des Klosters Christchurch verzeichnet außerhalb der Umfassungsmauern des Klosters weitere landwirtschaftlich und gärtnerisch genutzte Bereiche. Entlang eines Bewässerungskanals sind Obstgärten, Getreidefelder und – ganz wichtig für alle Klöster im Mittelalter – Weingärten aufgereiht. Tatsächlich baute man im Mittelalter in England Wein an. Ebenso wuchs Wein in Deutschland bis hoch in den Norden. Sogar in Schleswig Holstein, in Mecklenburg-Vorpommern, in Ostpreußen und im Baltikum wurden Weingärten angelegt. In Frankreich befanden sich sogar bis zur französischen Revolution die größten und besten Weinberge im Besitz der Kirche. Als man das Kloster Citeaux 1791 verkaufte, verfügte es über fast 5000 Hektar Landbesitz, ein Großteil davon Weinberge.

Wein war für das Kloster unentbehrlich als Messwein für die liturgische Feier, in der Küche und natürlich als Getränk. Benedikt gesteht in seiner Regel jedem Mönch ungefähr einen Viertelliter Wein täglich zu. Ein Gebot, an das sich auch die Zisterzienser hielten. So wurden in Eberbach kurz nach der Gründung Weinberge auf den zum Klosterbesitz gehörigen Bauernhöfen, den so genannten Grangien, bewirtschaftet. Die Weinerzeugung überstieg bald den Eigenbedarf und wurde für das Kloster zum wichtigsten Handelsgut. Das lagerfähige Fertigprodukt ließ sich über den nahe gelegenen Rhein denkbar günstig verschiffen.

Über die im 12. und 13. Jahrhundert angebauten Rebsorten wissen wir nur wenig. Am weitesten verbreitet waren die ertragreichen, aber nicht sonderlich wohlschmeckenden Sorten Elbling und Heunisch, die vor allem als Messwein genutzt wurden. Beide Sorten sind heute selten geworden. Damals kultiviert wurden auf jeden Fall die Muskatellertraube, deren Wein bereits Karl der Große trank, und der Gutedel, eine der ältesten Kulturreben, die

Zur Verbreitung der Rebsorte Burgunder haben die Zisterzienser beigetragen.

wir kennen. Aus ihrer burgundischen Heimat haben die Zisterzienser vermutlich die dort vorherrschende Rebsorte *Pinot noir*, den Spätburgunder, an den Rhein gebracht. Verdient gemacht hat sich der Orden zudem um die Ausbreitung des Chardonnays und des Grauburgunders (heute bekannter als *Pinot grigio*), den Mitglieder des Ordens im 13. Jahrhundert in Österreich einführten.

<u>Wasser</u> Der Weingarten auf Wiberts Plan von Christchurch liegt an einem Kanal, der unter der Mauer hindurch in das Kloster geleitet wird. Er versorgt Brunnen, Küche, Latrinen, Gärten und Teiche mit fließendem Wasser und strömt danach aus dem Klosterbereich in die umliegenden Wiesen und zurück in den Fluss. Unser Briefschreiber schildert für Clairvaux ebenso sinnreiche Bewässerungsanlagen. Hier wie dort wird das Wasser aus einem Fluss abgeleitet und zu vielen verschiedenen Zwecken genutzt: Tatsächlich waren besonders die Zisterzienser bekannt für ihre wasserbaulichen Fähigkeiten. Da sie mit Vorliebe in sumpfigen Tälern und an Flüssen siedelten, mussten Feuchtgebiete trockengelegt, das Wasser kanalisiert und in Rückhaltebecken gestaut werden, um die Mühlen, Brunnen und andere Anlagen des Klosters das ganze Jahr über ausreichend mit Wasser zu versorgen und um Überschwemmungen zu verhindern.

Wiberts Plan bildet mehrere Brunnen ab, an denen in Christchurch Wasser geschöpft werden konnte: Auf dem Friedhof befindet sich der Brunnen für die Laienbrüder des Ordens. Im Krankenrevier ist ein spezieller Waschplatz für die Kranken mit dazu gehörigem Brunnen verzeichnet. Ein Waschplatz für die Mönche ist im Kreuzgang des Klosters zu erkennen. Schön gestaltete Klosterbrunnen und Brunnenhäuser, wie sie sich etwa in Maulbronn erhalten haben, zeichnen viele Zisterzienserklöster aus. Der Brunnen befand sich fast immer direkt gegenüber der Tür zum Refektorium, dem Speisesaal, an den sich Küche und Wärmeraum anschlossen. Aus Zisterzienserklöstern kennen wir zwei Brunnentypen, von denen der eine frei im Kreuzgang stand, der andere wie in Maulbronn in einem eigenen Brunnenhaus untergebracht war. Neben den runden, meist mehrschaligen Brunnen gab es auch lange, flache, rechtwinklige Tröge oder Waschbecken. Das Wasser wurde für die Körperpflege der Mönche oder Nonnen oder für die wöchentlichen Fußwaschungen gebraucht. Auch das Wasser zum Baden wurde hier geschöpft. Schüsseln heißen Wassers wurden hier vorbereitet, damit sich die Mönche rasieren konnten. Je nach Größe des Klosters und der Zahl der Wasserstellen wurde hier die Kleidung gewaschen oder Trinkwasser für die Mahlzeiten geholt. Schreiber besorgten sich Wasser für ihre Tinten, der Krankenwärter Wasser zur Pflege der Patienten. Auch das Wasser für die sonntägliche Weihe, bei der alle Räume des Klosters besprengt wurden, entnahm man dem Brunnen. Das benutzte Wasser floss durch eine Rinne in den Abfluss und in ein unterirdisches Entwässerungssystem. Bevor es wieder aus dem Kloster herausgeleitet wurde, durchspülte es auf jeden Fall noch die Latrine, das *necessarium*, so wie es auch in der Mitte von Wiberts Plan eingezeichnet ist. Die Benediktiner und Zisterzienser entwickelten ein hygienisches System, das fast allen entsprechenden Einrichtungen in Burgen oder Herrenhäusern der Zeit um ein Vielfaches voraus war.

<u>Fischteiche</u> In manchen Fällen sammelte man die Fäkalien noch als Düngermaterial für die Gärten oder man leitete sie in den Fischteich, um das Wasser anzureichern. In Clairvaux sahen die genesenden Mönche den Fischen in den Bewässerungskanälen zu. Doch ebenso wenig wie man für ein Zisterzienserkloster reine Ziergärten vermuten

LINKE SEITE
Schön gestaltete Brunnenhäuser wie dieses in Maulbronn zeichnen viele Zisterzienserklöster aus.

Wasserspeier am Brunnen in Maulbronn

darf, wird es damals Zierfische in den Becken und Teichen gegeben haben. Mit Meerestieren besetzte Fischbecken vor den Häusern der reichen Oberschicht sind zwar bereits aus der römischen Kaiserzeit bekannt, doch setzten sich echte Zierfische wie der aus China stammende Goldfisch erst seit dem 18. Jahrhundert in europäischen Gärten durch. Die Mönche des Zisterzienserordens, aber auch die Angehörigen anderer Bruderschaften pflegten Fische in den Teichen und Kanälen aus einem anderen Grund. Die Regel des heiligen Benedikt verbot ihnen ja, das Fleisch vierfüßiger Tiere zu essen. Deswegen wichen sie bevorzugt auf die altbekannte Fastenspeise Fisch aus. Als Abwechslung zum gesalzenen Fisch aus weiter entfernten Gewässern hielt man lebendige Tiere in speziellen Fischbecken. So lag etwa das Fischbecken in Fontenay, einer frühen Tochtergründung von Clairvaux, innerhalb des Klosters zwischen der Krankenabteilung und dem Refektorium. Auf Wiberts Plan befindet sich ein großes Fischbecken, das als *piscina* bezeichnet ist, auf dem Friedhof. Dort konnten die Fische so lange am Leben erhalten werden, bis sie in der Küche gebraucht wurden. Aber auch in den Mühlteichen und in speziellen Zuchtanlagen, wie sie aus Doberan bekannt sind, wurden Fische gepflegt und sogar gezüchtet. Die Zuchtteiche befanden sich jedoch in der Regel außerhalb der Klostermauern. Die Fischzucht leistete einen wesentlichen Beitrag zur Selbstversorgung der mittelalterlichen Klöster. Als besonders geeignet für die Aquakultur erwies sich der Karpfen. Hildegard von Bingen beschreibt korrekt, dass dieser Fisch warmes Wasser und eine schlammige Umgebung verträgt, was ihn zu einem idealen Kandidaten für derartige Zuchtteiche macht. Geschickt und pragmatisch nutzten die Mönche das innerhalb der Klostermauern vorhandene Frischwasser für vielerlei Zwecke vom Trinkwasser über den Antrieb für die Mühlen und die Fischhaltung bis hin zur Bewässerung und Düngung der Gärten. Doch mit welchen Gärten können wir in einem Zisterzienserkloster rechnen? Wir haben festgestellt, dass Klöster ganz unterschiedliche Gärten in ihren Mauern unterbringen konnten, von denen einige wohl erst im späteren Mittelalter auftraten, während andere zu diesem Zeitpunkt schon längst wieder verschwunden waren, wie etwa der Gemüsegarten in Christchurch. In den allermeisten Zisterzienserklöstern zur Zeit Bernhards dürfte es aber zumindest einige jener Gärten gegeben haben, die auch im St. Galler Klosterplan eingezeichnet sind: den Obstgarten, den Heilkräutergarten, den Gemüsegarten und den Kreuzgarten, dem das folgende Kapitel gewidmet ist.

RECHTE SEITE
Im Kreuzgang von Maulbronn ist der Garten mit Wasserrinnen eingefasst, die das Regenwasser von den Dächern aufnehmen.

LINKE SEITE
Die Fischzucht leistete einen wesentlichen Beitrag zur Selbstversorgung der mittelalterlichen Klöster.

FOLGENDE DOPPELSEITE LINKS
Das Brunnenhaus des Klosters Certosa di Pavia in Norditalien, das erst in neuerer Zeit zum Zisterzienserkloster wurde.

FOLGENDE DOPPELSEITE RECHTS
Das Brunnenhaus im Kloster von Fossanova in der italienischen Provinz Latium schließt direkt an den Kreuzgang an.

Der Kreuzgarten

*In den Tagen der Fastenzeit sind sie (die Mönche) bis zur vollen dritten Stunde frei für ihre Lesungen, dann verrichten sie bis zur vollen zehnten Stunde, was ihnen aufgetragen ist.
In diesen Tagen der Fastenzeit erhalte jeder ein Buch aus der Bibliothek, das er von Anfang bis Ende ganz lesen soll. Diese Bücher werden zu Beginn der Fastenzeit ausgeteilt.*
48. Kapitel der Benediktsregel

LINKE SEITE
Der schön gepflegte Rasen und nicht das Blumenbeet war die eigentliche Sensation im Kreuzgarten.

Auf einer Wandkonsole im Kreuzgang von Eberbach sieht man einen lesenden Mönch.

Ein schöner, ein beschaulicher Ort ist der Kreuzgarten im Zisterzienserkloster Eberbach im Rheingau. Die Sonne scheint auf die grüne Rasenfläche in der Mitte, der Wind rauscht durch die Trauerweide, und ein Brunnen plätschert leise. „Hier wäre ich auch gerne Mönch", tönt es aus einer Besuchergruppe. An einem so schönen Tag lässt sich leicht der Eindruck gewinnen, das Leben im Herzen des alten Klosters, so friedlich und abgeschieden von der Welt, erlaube einen Blick in das Paradies. Und doch stört etwas: Der Kreuzgarten entspricht so gar nicht den landläufigen Vorstellungen von einem Klostergarten. Mit den prächtigen Kreuzgärten vieler französischer und italienischer Anlagen hat dieses Rasenviereck wenig zu tun. Das Gras wird von niedrigen Hecken eingefasst, dazu ein Brunnen, ein Baum … mehr nicht. Keine bunten Blumen, kein verspielter Ziergarten mit kunstvoll angelegten Buchsbaumhecken, aber auch kein Nutzgarten für Heilkräuter.

Lesegarten Fragen drängen sich bei näherer Betrachtung der Anlage auf: Wie wurde der Garten genutzt, wozu diente der Kreuzgang, der die vier Seiten des Gartens umschließt? Auf einer kleinen Wandkonsole finde ich eine erste Antwort: In Stein gemeißelt, sitzt dort ein bärtiger Mönch zwischen knorrigen Bäumen und liest in einem dicken Buch. Die jahrhundertealte Figur erzählt uns davon, wie die Mönche einen großen Teil ihres täglichen Lebens im Kloster verbrachten, wenn sie nicht der Handarbeit nachgingen: Sie lasen!
Die Regel des heiligen Benedikt schreibt für jeden Tag Zeiten des individuellen Lesens vor. Am Sonntag wurden die Lesezeiten ausgedehnt, weil die an Werktagen vorgesehene Zeit für die Handarbeiten wegfiel. Für die Fastenzeit sah die Regel sogar noch verlängerte Lesungen vor. Die so genannte *lectio*

divina war für Benedikt und damit auch für den Tagesablauf der Zisterzienser eine wesentliche Ergänzung zum Stundengebet. Gelesen haben die Mönche und Nonnen vorzugsweise im Kreuzgang mit Blick auf den Garten. So betrachtet war der Kreuzgarten vor allem ein Lesegarten. Die Bücher dazu erhielten die Ordensleute vom Bibliothekar aus dem ebenfalls am Kreuzgang liegenden Bücherschrank, dem *armarium*. Das Armarium in Eberbach befand sich zwischen Kapitelsaal und Kirche und konnte vom Kreuzgang aus betreten werden. Spezielle Sitzbänke für die Leser haben sich im so genannten „Lesegang" des ehemaligen Zisterzienserinnenklosters Wienhausen in der Lüneburger Heide erhalten. Bevorzugt haben die Leser zumal im Winter gewiss ein Plätzchen an der Sonne. In nördlichen Gegenden liegt der Kreuzgang deshalb meist an der Südseite der Kirche, doch gibt es auch viele Ausnahmen. Auf jeden Fall bot der Kreuzgang besseres Licht und mehr frische Luft als die düsteren, unbeheizten Innenräume, die mit Kerzen und Öllampen nur unzureichend beleuchtet werden konnten.

Ein altes Foto zeigt Mönche und Konversen im Kreuzgang in Gespräche vertieft.

LINKE SEITE
Auf den Bänken im Kreuzgang war das Licht zum Lesen günstig.

FOLGENDE DOPPELSEITE LINKS
Weit mehr als das Leben der Laien war das der mittelalterlichen Mönche von einem klaren Stundenplan geregelt.

FOLGENDE DOPPELSEITE RECHTS
An einem sonnigen Plätzchen im Kreuzgang wurden mancherlei Arbeiten erledigt.

Arbeit und Freizeit

Der Kreuzgang heißt auf lateinisch *claustrum* – „das Umschlossene". Davon leitet sich das Wort „Klausur" für den Bereich ab, der allein für die Mitglieder der Klostergemeinschaft zugänglich ist. Der Kreuzgang war jedoch nicht nur der bevorzugte Platz für Leser, sondern auch eine Art Kreuzung vieler Alltagswege der Mönche. Mit dem Kreuz Christi hat der Kreuzgang hingegen weder in Form noch Bedeutung etwas zu tun. Vielmehr ist der Kreuzgang der Verbindungsgang zwischen den einzelnen Klostergebäuden, die um den Kreuzgang angeordnet sind, wie etwa Refektorium (Speisesaal), Dormitorium (Schlafsaal), Wärmestube und Kapitelsaal (Versammlungsraum). Feierliche Prozessionen nehmen hier ihren Anfang, der Weg vom Dormitorium zum nächtlichen Stundengebet in der Kirche führt die Mönche ebenfalls über den Kreuzgang. Bei archäologischen Ausgrabungen in Yorkshire wurden Knöpfe, Nadeln und ein Fingerhut gefunden, was darauf hindeutet, dass im Kreuzgang damals sogar kleinere Näharbeiten ausgeführt wurden. Schreiber trugen frisch beschriebene Pergamentblätter aus dem Skriptorium, um sie dort trocknen zu lassen, oder gingen der Schreibarbeit gleich im besser beleuchteten Hof nach. Der ehemalige Zisterzienser Bernardin Schellenberger berichtet, dass für die Mitglieder seines Ordens einmal im Jahr einen Nachmittag lang das Stillschweigen zu einer sogenannten „Rekreation" aufgehoben wurde. Die Mönche trafen sich zu diesem Zweck im Kreuzgang zu einem zwanglosen Geplauder oder machten einen Spaziergang im Kreuzgarten. Ein altes Foto aus dem südafrikanischen Zisterzienserkloster Marianhill zeigt die Mönche und Konversen im Kreuzgang ihres Klosters in Gespräche und Diskussionen vertieft.

Ein Stück vom Paradies

Der vom Kreuzgang umschlossene quadratische oder rechteckige Kreuzgarten wird manchmal auch als Klostergarten oder *quadrum* bezeichnet. Meist war er, wie wir im vorherigen Kapitel gesehen haben, mit einem Brunnen ausgestattet, der eine Seite des Kreuzgartens einnahm, gelegentlich mit einem Brunnenhaus überbaut war oder manchmal auch mitten im Garten stehen konnte. Der Kreuzgarten ist der innerste Hof eines Klosters und somit das Herz einer jeden benediktinischen und zisterziensischen Klosteranlage. Die Zisterzienser hatten ihre Klöster als Alternativwelt zur unerlösten Welt vor den Mauern angelegt. Sie versuchten aus dem Optimismus und der Freude heraus zu leben, das Reich Gottes sei bereits mitten unter ihnen anwesend. Sie hofften, mit ihrer Lebensweise ein Stück vom Paradies und

vom himmlischen Jerusalem bereits im Voraus zu erfahren. Mit dieser Vorstellung kämpften die Ordensmitglieder gegen die Vorläufigkeit und Vergänglichkeit, gegen die Zumutungen und Beschränkungen, die das Leben in dieser Welt mit sich brachte. Um ihren hohen Anspruch auch in der Architektur sichtbar zu machen, bauten sie innerhalb ihres Klosters das Paradies und die himmlische Stadt Jerusalem symbolisch nach, und zwar ineinander: Der Garten der unschuldigen Anfänge, wie er auf den ersten Seiten der Bibel geschildert wird, ist umschlossen von der Stadt der Erlösten, die auf ihren letzten Seiten in der Offenbarung beschrieben wird. Kirche, Schlaf-, Ess-, Arbeits- und Versammlungsräume sind wie eine Stadt um und über dem Kreuzgang versammelt. Der Garten in der Mitte ist *paradisus claustralis* – Klosterparadies – und *hortus conclusus* – verschlossener Garten – in einem; er stellt symbolisch den Welt- oder Paradiesgarten dar. Deshalb wurde der Brunnen idealerweise genau in der Mitte angelegt. Denn im Garten Eden entsprang nach Aussage der Bibel genau in der Mitte ein Strom, der sich in vier Flüsse aufteilte und so den Garten bewässerte.

Aus praktischen Gründen, etwa, um den Brunnen auch bei schlechtem Wetter zu nutzen, errichteten findige Baumeister den Brunnen in vielen Klöstern jedoch lieber seitlich versetzt zur Mitte des Gartens, so auch in Eberbach und Maulbronn. In Maulbronn ist der Garten zudem von Wasserrinnen eingefasst, die das Regenwasser von den Dächern aufnehmen. Unter dem Kreuzgarten verliefen Rohre, die der Zuführung und der Ableitung des Fließwassers dienten und oft zu mehreren verschiedenen Wassersystemen gehörten. Sie wurden sicher immer wieder einmal aufgegraben, wenn eine Leitung repariert werden musste.

Über den Rasen und andere Gewächse

Das führt uns zur nächsten Frage: Wie war der Kreuzgarten, das symbolische Paradies des Klosters, denn tatsächlich bepflanzt? Trotz der ideellen Bedeutung wurde er im Mittelalter wohl mehr als eine Art Hof mit Wasserstelle betrachtet und weniger als echter Garten, schon gar nicht als wucherndes Pflanzenparadies. Kreuzgärten, die als Ziergarten hergerichtet waren, gab es im Mittelalter überhaupt nicht. Solche häufig wunderschönen Anlagen sind alle erst später entstanden. Die sonst so auskunftsfreudigen Pläne von Sankt Gallen und Christchurch helfen in der Frage der Bepflanzung leider nur wenig weiter. Allein im Zentrum des St. Galler Kreuzgartens steht, umgeben von symmetrisch angelegten Wegen, ein Gewächs, dass mit dem Wort „*savina*" bezeichnet ist. Als *savina* bezeichnete man damals den giftigen Stinkwachholder oder Sadebaum, eine uralte Kulturpflanze, der man schützende und heilende Wirkungen zuschrieb und deren Zweige gerne zur Ausschmückung der Kirche am Palmsonntag verwendet wurden.

Mehr als einen einzelnen Baum sollten wir in einem mittelalterlichen Kreuzgarten des 12. und 13. Jahrhunderts tatsächlich nicht erwarten. Zumindest von englischen Klöstern wissen wir, dass ihre Kreuzgärten hauptsächlich mit Rasen bepflanzt waren. Die französische Schriftstellerin Christine des Pisan bemerkt um 1400, dass das Gras im Kloster der Dominikanerinnen in Poissy stets sorgfältig gepflegt wirkte. Immer sei es kurz geschnitten und niemals, auch im Sommer nicht, werde es gelb. Der schön gepflegte Rasen und nicht das Blumenbeet war die eigentliche Sensation im Kreuzgarten, und die ständige Pflege des grünen Rasens war ein wichtiger Teil der klösterlichen Gartenarbeit. Der Gartenexperte Albertus Magnus widmet dem Rasen sogar einen größeren Abschnitt in seiner Abhandlung über die Gewächse. Vor allem aber hätte Albertus lieber auf Früchte in einem Garten mit Rasen verzichtet, als die Rasenfläche durch Umgraben zu ruinieren. Im 12. Jahrhundert notierte der französische Mönch und Bischof von Grenoble, Hugo von Foulloy, dass der Rasen in der Mitte des Kreuzgangs die Augen erfrischt und dass nach seiner Betrachtung der Wunsch wiederkehrt, die Studien fortzusetzen. Die

Mehr als einen einzelnen Baum sollten wir in einem mittelalterlichen Kreuzgarten nicht erwarten.

Schau- und Erholungswerte der grünen Rasenfläche wurden bereits im 12. und 13. Jahrhundert sehr hoch eingeschätzt. Für den studierenden Mönch im Kreuzgang bot der Blick auf das Rasengrün vor allem Momente geistiger Entspannung und Inspiration, und so spielt die Farbe Grün für die ästhetische Beurteilung und die Symbolik der Kreuzgärten eine wichtige Rolle. Für Papst Innozenz III. symbolisierte Grün um 1200 Barmherzigkeit und Hoffnung. Der Theologe Hugo von St. Victor lobte im 12. Jahrhundert die grüne Farbe sogar als die schönste Farbe von allen, als Symbol des Frühlings und der künftigen Auferstehung. Frühling, Fruchtbarkeit, erwachendes Leben, Auferstehung, das sind alles Begriffe, die den Garten in der Mitte des Klosters näher charakterisieren.

Verspielte und monströse Figuren in vielen Klöstern provozierten die Kritik Bernhards von Clairvaux.

LINKE SEITE
Der Sadebaum ist eine uralte Kulturpflanze, der man Unheil abwehrende Kräfte zuschrieb.

FOLGENDE DOPPELSEITE
Der Hahnenfuß, früher beliebter Schmuck bei Fronleichnamsprozessionen, erscheint auch in den steinernen Verzierungen des Kreuzgangs von Maulbronn.

DARAUFFOLGENDE DOPPELSEITE
Eichenblätter machen aus Säulen steinerne Bäume, in Maulbronn wie in Altenberg.

Der Kreuzgarten in Eberbach mit seiner grünen, in der Sonne leuchtenden Rasenfläche, einem einzelnen Baum und dem rieselnden Brunnen, den man aus dem Schatten des umlaufenden Ganges betrachten kann und dessen Farben und Geräusche in der Stille eines Sommernachmittags besonders eindringlich wirken, dürften dem Aussehen und der Atmosphäre eines mittelalterlichen Kreuzgartens recht nahe kommen. Der in Stein gemeißelte lesende Mönch auf der Kreuzgangkonsole ist in dieser Hinsicht gleichermaßen die Darstellung eines damaligen Lesers im Kreuzgang, eine Erinnerung an jene für die Zisterzienser vorbildhaften frühen Einsiedler und ein Hinweis darauf, dass man durch die *lectio divina* im Klosterparadies dem himmlischen Paradies ein Stück näher kommen kann.

Weinreben aus Stein
Von solchen steinernen Kostbarkeiten wie dem lesenden Mönch einmal abgesehen, ist der Kreuzgang des Klosters Eberbach jedoch sehr schlicht gestaltet. Denn die Zisterzienser des 12. Jahrhunderts lehnten Verzierungen in der Klosterarchitektur grundsätzlich ab. Vielleicht war diese Einstellung eine Antwort auf die verspielten Figuren und Bildgeschichten, wie sie in den Kreuzgängen der französischen Klöster in Vezelay oder Moissac zu bewundern sind. Bernhard von Clairvaux hat jedenfalls eine berühmte Predigt gegen diese klösterliche Bilderflut verfasst. Er schreibt:

Überall also zeigt sich eine so große und seltsame Vielfalt verschiedenartiger Formen, dass man sich mehr dazu hingezogen fühlt, den Marmor zu lesen anstatt die Heiligen Schriften, und lieber den Tag damit verbringt, nacheinander diese Bildwerke zu betrachten, als über das göttliche Gesetz zu meditieren. O Herr, wenn wir uns dieser Kindereien schon nicht schämen, weshalb tun uns nicht wenigstens die Ausgaben Leid?

Bernhard hielt also die Herstellung und das Anschauen derartiger Kunstwerke gleichermaßen für Geld- wie Zeitverschwendung. Erkenntnis sollte der Zisterziensermönch seiner Meinung nach in den Büchern suchen und nicht in der Betrachtung von Bildern. Der schlichte Kreuzgang von Eberbach hätte Bernhards Vorstellungen wohl weitgehend entsprochen. Tatsächlich entstand das Bild unseres lesenden Mönchs erst lange Zeit nach Bernhards Tod im 14. Jahrhundert. Doch können wir beobachten, dass sich bereits im Verlauf des 13. Jahrhunderts unaufhaltsam Schmuckformen in die nüchterne Klosterarchitektur einschleichen und ihre angestammten Plätze auf Konsolen, Kapitellen und Schlusssteinen zurückerobern. Im 12. Jahrhundert waren die Portale und Kapitelle der Zisterzienserkirchen und Kreuzgänge höchstens mit geometrischen Mustern oder stilisierten Pflanzenornamenten geschmückt. Seit dem 13. Jahrhundert wurden auch Zisterzienserklöster zunehmend mit einer Vielzahl naturnah gestalteter und üppig wuchernder Pflanzendarstellungen ausgestattet. Was als neuer Trend in der Bauplastik der französischen Kathedralen gegen Ende des 12. Jahrhunderts begann, erfasste bald auch deutsche Kirchen und Klöster.

Die Zisterzienser sahen durch die neuen Schmuckelemente ihren religiösen Ernst offenbar nicht beeinträchtigt. So ließen die Mönche von Maulbronn auf den Säulenkapitellen und Schlusssteinen ihres Kreuzgangs Weinreben, Rosen und viele andere Pflanzen wirklichkeitsnah in Stein meißeln. Formal gesehen ergänzen die gemeißelten Pflanzen die Grünfläche des Kreuzgartens. Sie sind sozusagen die steinerne und immer blühende Fortsetzung des Geschehens im Garten. Besonders an trüben Wintertagen erinnern sie an Frühling, Sommer und nicht zuletzt an das Paradies. Darüber hinaus haben die Bildhauer vor allem für die christliche Symbolsprache sehr bedeutsame Gewächse abgebildet. Der Symbolreichtum der dargestellten Pflanzen dürfte wohl auch der Grund für die Aufnahme dieser Schmuckformen im Kreuzgang der Zisterzienser von Maulbronn gewesen sein. Neben Hahnenfuß, Beifuß oder Eichenblättern mit dazugehörigen Früchten finden sich im Westflügel des Kreuzgangs auch Kapitelle mit Rosen und Weinreben.

Etwas versteckt lacht uns auf einem Kapitell im Dickicht des Weinlaubs ein kleiner, fröhlicher Mönch – erkennbar ist er an der Tonsur – entgegen, der eine große Weinrebe in der Hand hält und auf einem umgestülpten Bienenkorb sitzt. Wir haben bereits in den vorangegangenen Kapiteln gesehen, dass Wein für die Klosterwirtschaft und das alltägliche Leben der Zisterzienser eine wichtige Rolle spielte. Darüber hinaus gehört der Wein zu den wichtigsten Symbolen der christlichen Bildsprache: Wein steht für das Blut Jesu, dessen Opfer und Tod am Kreuz und für die Hoffnung auf Erlösung. Daher sind Darstellungen von Reben, Weinblättern und Trauben ein bedeutender Bestandteil der mittelalterlichen Kunst und hatten auch in den eher bilderkritisch eingestellten Zisterzienserkonventen ihre Berechtigung. Dennoch scheint ein Verweis auf die Eucharistie nicht so recht auf das kleine Kapitell zu passen. Die Bildhauer haben den nackten Klosterbruder vielmehr in einen üppig wuchernden Rebenwald mit riesigen Früchten gesetzt, in dem buchstäblich Wein und Honig zu fließen scheinen. Ein Einruck von verschwenderische Fülle, Freude und Genuss wird auf diesem Relief vermittelt. Früchte, Wein und Honig im Überfluss waren in einem strengen Zisterzienserkloster jedoch kaum zu erwarten. Bezieht sich das Kapitell vielleicht auf die geistige Nahrung und die Erwartung eines himmlischen Paradieses? Oder ist das Kapitell vielleicht nur ein witziger Kommentar auf den harten Klosteralltag zisterziensischer Mönche? Da wir nicht wissen, wer das kleine Kapitell hergestellt hat, und keinerlei Aufzeichnungen über die Überlegungen der Mönche erhalten geblieben sind, muss diese Frage offen bleiben.

Eine ernsthafte Mahnung gab hingegen ein Schlussstein im Kapitelsaal den Maulbronner Mönchen mit auf den Weg. Dargestellt ist inmitten der Weinreben ein Engel, der die Ankunft des Jüngsten Gerichts mit seinem Horn verkündet. Im Johannesevangelium (15, 5–6) spricht Jesus:

„Ich bin der Weinstock, ihr seid die Reben. Wer in mir bleibt und ich in ihm, der bringt viel Frucht; denn ohne mich könnt ihr nichts tun. Wer nicht in mir bleibt, der wird weggeworfen wie eine Rebe und verdorrt, und man sammelt sie und wirft sie ins Feuer, und sie müssen brennen".

Das Bild des Engels in den Weinreben ermahnte die Mönche im Kapitelsaal dazu, ein fruchtbringendes Leben in der Nachfolge Jesu zu führen, um nicht am Jüngsten Tag den Höllenflammen ausgesetzt zu werden.

Darstellungen von Weinreben begegnen uns in der zisterziensischen Kunst des Mittelalters in der Bauplastik, in der Malerei und in der Glasmalerei immer wieder. Ganz außergewöhnlich sind in diesem Zusammenhang die Glasmalereien aus der Klosterkirche der Zisterzienser in Altenburg, die heute im Hessischen Landesmuseum Darmstadt aufbewahrt werden. Um 1270 entstanden, zeigt eines der Fenster einen naturnah gezeichneten Weinstock mit Blättern und Früchten in den für die Zisterzienser charakteristischen zurückhaltenden Grautönen.

VORANGEHENDE DOPPELSEITE LINKS
Zahlreiche Pflanzenmotive zieren die Schlusssteine in Kloster Bebenhausen.

VORANGEHENDE DOPPELSEITE RECHTS
Der würzig duftende Beifuß war Vorbild für Ornamente in der Architektur.

LINKE SEITE
[OBEN NACH UNTEN]
Das Glasfenster aus Kloster Altenberg stellt Weinreben dar, Symbol für Christus und seine Jünger.

Das Kapitell zeigt die Weinernte.

Der Engel in den Weinreben schmückte den Kapitelsaal, in dem die Klosterversammlung abgehalten wurde.

RECHTE SEITE
Die Rose als Symbol Mariens begegnet uns immer wieder in den Zisterzienserklöstern.

Die Rose im Garten

Steht der Weinstock für Jesus, so sind die Rosen auf den benachbarten Kapitellen im Kreuzgang von Maulbronn seiner Mutter Maria zugeordnet. Ebenso wie Weinreben scheinen auch Rosen in der mittelalterlichen Kunst allgegenwärtig zu sein. In Maulbronn finden wir Rosenblüten auf Schlusssteinen und auf mehreren Kapitellen im Kreuzgang. Das verwundert nicht, wenn man weiß, dass alle Kirchen von Zisterzienserklöstern der Jungfrau Maria geweiht waren. Ohne ein Bild der Muttergottes kam keine solche Kirche aus. Tatsächlich wurde die im 12. Jahrhundert aufkommende Marienmystik in den Zisterzienserklöstern besonders gepflegt.

Die Rose im Garten ist Bild und Symbol für Marias Anmut, Reinheit, Liebe und für die Schmerzen, die sie erleiden musste. Viele mittelalterliche Autoren verglichen Maria jedoch nicht nur mit den Gewächsen des Gartens, sondern mit dem Garten selbst. Dieser besondere Garten der Maria wurde als *hortus conclusus* – verschlossener Garten – bezeichnet. Ein Begriff, den man dem Hohenlied der Bibel entnahm, das die mittelalterliche Bilderwelt entscheidend prägte. Sogar unser Briefschreiber aus Clairvaux zitierte den Text, um die paradiesischen Zustände in seinem Kloster hervorzuheben. Bernhard von Clairvaux hat dem Hohelied zahlreiche Predigten gewidmet, in denen die besungene Braut bald die Seele, bald die Kirche, bald die Gottesmutter und manchmal alles zusammen ist.

Im Hohelied (4, 12–15) heißt es:

Meine Schwester, liebe Braut, du bist ein verschlossener Garten, eine verschlossene Quelle, ein versiegelter Born. Du bist gewachsen wie ein Lustgarten von Granatäpfeln mit edlen Früchten, Zypernblumen und Narden. Narde und Safran, Kalmus und Zimt mit allerlei Weihrauchsträuchern, Myrrhe und Aloe mit allen feinen Gewürzen. Ein Gartenbrunnen bist du, ein Born lebendigen Wassers, das vom Libanon fließt.

Mittelalterliche Künstler griffen die in der Bibel verwendeten Bilder vom versiegelten Brunnen und vom verschlossenen Garten, vom betörenden Duft und den zauberhaften Gewächsen des Gartens in zahllosen Gedichten, Liedern und prächtigen Gemälden zu Ehren der Gottesmutter auf, in denen hohe Gartenmauern, bunte Blumenwiesen und Wasserquellen eine immer wiederkehrende Rolle spielen.

So ist etwa auf dem Bild eines unbekannten oberrheinischen Meisters Maria mit ihrem Sohn in Begleitung von Heiligen und Engeln inmitten eines paradiesischen Gartens zu sehen, der von einer hohen Mauer umschlossen ist. Natürlich fehlt weder die Wasserquelle noch der Rosenstrauch, der neben der Mauer unter dem Kirschbaum wächst. Dornen und rote Blüten verweisen auf den Schmerz und die Leiden, die Maria erdulden musste. In der dritten Strophe des alten Marienliedes „Es gingen drei heilige Frauen" heißt es passend:

Maria du zarte
Du bist ein Rosengarte,
Den Gott selber geziert hat
Mit dem, der von dir geboren ward!
Kyrieleison.

Als Herrin des Paradiesgartens war Maria jedoch zugleich die neue Eva, die die Erbsünde des ersten Menschenpaares tilgt, so wie Jesus auch als der neue Adam bezeichnet wurde. Um die Betrachter daran zu erinnern, liegen auf dem Gartentisch neben einer mit Äpfeln gefüllten Schale zwei angebissene Exemplare und eine dritte, unberührte Frucht. Marias Garten ist das Gegenbild des Gartens der Schöpfung, den Eva mit ihrer Sünde befleckt hatte.

Garten des Paradieses, *hortus conclusus*, Sinnbild Mariens und zugleich Hof, Wasserstelle, Arbeitsplatz, Abkürzung zwischen den Klostergebäuden, Lesegarten, Ort der Inspiration und religiösen Versenkung und Platz für eine schön gepflegte Rasenfläche war der Kreuzgarten im Alltag der Zisterzienser. Nur eines war er nicht: ein Garten, in dem man Gewächse für den alltäglichen Gebrauch zog. Diesen Gärten sind die nächsten Kapitel gewidmet. Wir beginnen mit dem Heilkräutergarten.

Das Paradiesgärtlein stammt von einem unbekannten Meister des 15. Jahrhunderts.

RECHTE SEITE
Der Maler Charles Allston Collins schildert eine romantische Vision des Klosterlebens.

Der Kräutergarten

Die Sorge für die Kranken ist eine vorrangige und höchste Pflicht. Man diene ihnen wirklich wie Christus. Er selber hat ja gesagt: „Ich war krank, und ihr habt mich besucht. Und: was ihr für einen meiner geringsten Brüder getan habt, das habt ihr mir getan."
36. Kapitel der Benediktsregel

Vor einer hohen Mauer steht die Nonne gedankenversunken zwischen den Blumenbeeten. Rosen, Lilien und weitere prächtig blühende Gewächse umgeben sie. In der einen Hand hält die Klosterfrau ein wunderschön gemaltes Stundenbuch, in der anderen eine Blüte, in deren Betrachtung sie vertieft ist. Der englische Maler Charles Allston Collins schildert auf seinem Bild „Klostergedanken" die für das 19. Jahrhundert typische romantische Sicht auf eine mittelalterliche Ordensschwester in ihrem Klostergarten, die mit allerlei Anspielungen auf die Reinheit, Jungfräulichkeit und Art der Kontemplation der Nonne angereichert ist. Die im Bild dargestellte Träumerei prägt unsere Vorstellung vom Klostergarten bis heute: Ein Ort der religiösen Versenkung soll er gewesen sein; ein Garten, in dem Rosen und Lilien neben Heil- und Zauberpflanzen wachsen und vielleicht noch Kräuter zum Würzen der einfachen Mahlzeiten.

Tatsächlich gilt uns der Würz- und Heilkräutergarten mehr als Kreuz-, Obst- oder Gemüsegarten als *die* klösterliche Gartenform. Moderne Rekonstruktionen konzentrieren sich entsprechend meist auf eine repräsentative Auswahl an Arzneipflanzen und unterstreichen auf diese Weise die Auffassung noch, während Obst und Gemüse, das für den Lebensunterhalt der Gemeinschaft ebenso bedeutend war, meist nur wenig berücksichtigt wird.

Bei aller Idealisierung, die in Collins Bild zum Ausdruck kommt, gibt es aber dennoch Berührungspunkte zwischen der verklärten Sicht des viktorianischen Malers und den tatsächlichen mittelalterlichen Gärten. So hat Walahfried Strabo, der Abt des Benediktinerklosters auf der Insel Reichenau im 9. Jahrhundert, ein Lehrgedicht auf den dortigen Kräutergarten verfasst. Das als „Hortulus" (Gärtchen) bekannte Werk bezeugt, wie wichtig den Ordensleuten der Kräutergarten war, und erzählt vieles über die Anlage, die Gestaltung der Beete, die Auswahl und Pflege der Pflanzen. Der Abt beschreibt Rosen, Iris und Lilien, wie sie auch auf dem Bild blühen, und dazu noch viele weitere Gewächse, die zum Teil heute noch als Heilpflanzen eingesetzt werden. Im damaligen Klosteralltag waren sie unentbehrlich, sei es, um kranken Mit-

317

gliedern der Gemeinschaft zu helfen, sei es, um Bedürftige oder Gäste medizinisch zu betreuen.

Infirmarium und Infirmarius

Die Regel des heiligen Benedikt schreibt ausdrücklich vor, dass die Ordensangehörigen den Kranken besondere Aufmerksamkeit entgegen bringen sollen. Sie wurden dafür in einem besonderen Gebäude untergebracht, dem Hospital oder *infirmarium*. In Citeaux gab es zwei Gebäude für die Kranken, die *infirmerie ordinaire*, ein bescheidenes, zweigeschossiges Gebäude mit einem von einer Mauer umgebenen Garten, und die *grande infirmerie*, ein dreischiffiges Gebäude, das bis in das frühe 19. Jahrhundert hinein bestand. In Citeaux und anderen größeren Klöstern ergänzten eine eigene Küche, ein separates Refektorium und Latrinen, eine Krankenkapelle und ein Kreuzgang den Komplex um das Krankenrevier. Die Konversen hatten ihr eigenes Infirmarium. Novizen, Pilger und Bedürftige waren ebenfalls in separaten Gebäuden untergebracht.

Das Infirmarium wurde von einem *infirmarius* oder Krankenwärter geleitet, der von einem Laienbruder, dem *famulus*, unterstützt wurde. Gewöhnlich war der Infirmarius bei den Zisterziensern medizinisch nicht ausgebildet. Zisterziensermönche durften den Beruf des Arztes nicht ausüben, selbst als später ein Universitätsstudium für Mönche allgemein üblich wurde. Bernhard erläutert diesen Punkt in einem Brief an italienische Ordensmitglieder: „da aber eine Krankheit der Seelen um vieles mehr zu fürchten und weiter zu meiden ist, deshalb geziemt es Eurem Ordensstand keineswegs, Arzneien für den Körper zu verlangen; dient es doch nicht dem Heil." Über die Konsultierung von Ärzten und den Gebrauch von Medikamenten schreibt er weiter: „Dies ist unpassend für den Ordensstand und gegen die Reinheit, ganz besonders die unseres Ordens, und entspricht weder der Ehre noch der Reinheit. Geduld und Demut sind alles, höchstens Heilkräuter, wie sie auch die Armen verwenden, werden gestattet." Bernhard verfügte selbst über eine ordentliche Portion praktischer Erfahrung in der Pflege und Heilung von Kranken und kannte sich mit den Heilkräutern und ihren Wirkungen gut aus.

Medizinische Versorgung im Zisterzienserkloster

Kräuterwissen, viel praktische Erfahrung und eine gewisse Kenntnis der heilkundlichen Schriften dürfen wir daher beim Infirmarius eines mittelalterlichen Zisterzienserklosters voraussetzen. Aus den erhaltenen Bücherlisten von Citeaux wissen wir, dass Bücher der Klosterbibliothek auch im Krankenrevier aufbewahrt wurden. Neben den wichtigen Trost spendenden Schriften spiritueller Natur und Büchern für das Stundengebet waren gewiss auch Bücher darunter, die im weitesten Sinne mit Medizin, Kräutern und der Behandlung von Krankheiten zu tun hatten. Viel gelesen wurden etwa ins Lateinische übersetzte Texte antiker griechischer Autoren. Werke arabischer Heilkundler wurden zunächst vor allem in der berühmten Medizinschule von Salerno in Italien aufgegriffen. Die dortigen Ärzte vermittelten das vorgefundene Wissen in eigenen Büchern über Chirurgie, Pharmazie und in allgemeinen Gesundheitsratgebern. Das französische Zisterzienserkloster von Ourscamps besaß eine Abschrift des damals viel gelesenen Kräuterbuchs des Apuleius Platonicus. Die heute in der British Library in London gehütete, reich bemalte Handschrift wurde vermutlich um 1200 in Nordengland hergestellt. Sie enthält verschiedene Texte lateinischen und griechischen Ursprungs, die man bereits im 4. Jahrhundert nach Christus zu einem Buch in lateinischer Sprache zusammengestellt hatte, das während des ganzen Mittelalters immer wieder abgeschrieben wurde. Mindestens sechzig Kopien dieses Buches haben sich in den verschiedenen Museen und Bibliotheken erhalten. Seine 130 Kapitel widmen sich Problemen der medizinischen Praxis und den Heilmitteln, die aus Tieren, Pflanzen und anderen Substanzen hergestellt wurden.

LINKE SEITE
Die Schwertlilie steht mit ihrem Blau für Maria als Himmelskönigin.

Apothekerutensilien aus Kloster Schöntal, 18. Jhd.

Wenn auch kein zisterziensisches Ordensmitglied – soweit das bisher bekannt geworden ist – selbst ein Buch über Heilkunde und Heilkräuter verfasst hat, haben sich die Zisterzienser dennoch trotz ihrer Weltabgewandtheit und Zurückhaltung in der Aufnahme medizinischen Wissens um die medizinische Versorgung der Menschen in ihrer Umgebung gekümmert. Dabei war der Infirmarius nicht selten Wundarzt, Lehrer und Apotheker in einer Person. In seine Zuständigkeit fiel damit auch die Herstellung von Arzneien, für deren Zubereitung neben anderen Zutaten Pflanzen aus dem klösterlichen Kräutergarten gebraucht wurden.

Die Anlage des Kräutergartens Im Krankenrevier der Ordensmitglieder wurden jedoch nicht allein akut erkrankte Zisterzienser versorgt. Es war auch der Ort, an dem bettlägerige und alte Mönche und Nonnen gepflegt wurden und diejenigen Brüder und Schwestern, die den regelmäßig alle zwei Monate stattfindenden Aderlass hinter sich gebracht hatten, der damals als gesundheitsfördernd galt. Für ein paar Tage genossen sie die Ruhe und Geborgenheit der Krankenstation, durften Fleisch essen, länger schlafen und nutzten die freie Zeit vielleicht für einen Aufenthalt im Kräutergarten. Auf dem St. Galler Klosterplan sind Hospital, Aderlasshaus und Kräutergärtchen in unmittelbarer Nähe zueinander untergebracht. Ein solcher *herbularius*, in dem die wichtigsten Heilpflanzen angebaut wurden, gehörte auch in Zisterzienserklöstern zur Ausstattung des Infirmariums. So ist auf dem Gelände des Zisterzienserklosters von Fountains heute noch der Pfad vom Krankenrevier zum Kräutergarten zu erkennen, obwohl der Garten selbst schon lange verschwunden ist. Im Garten des Infirmariums der Benediktinerabtei Westminster Abbey in London gab es neben einem kleinen, verschlossen gehaltenen Garten, der vielleicht giftige Heilpflanzen enthielt, sogar Fischteiche, aufgebundene Weinreben, Sandwege durch den Garten und eine Flechtbank um einen Baum. Ein Taubenhaus ergänzte die Anlage.

Die Tauben lieferten das Fleisch für die Kranken, der Mist wurde als ergiebiger Dünger auf die Beete des Kräutergartens gestreut. Auf dem Plan des Klosters von Christchurch erscheint der Garten des Krankenreviers hingegen wie ein kleiner Kreuzgarten mit Waschplatz und Brunnen. Er ist Kreuzgarten und Kräutergarten in einem, während auf dem St. Galler Plan beide Funktionen getrennt wurden und der Kräutergarten außerhalb des Infirmariumskreuzganges angelegt war. Der Garten in Christchurch ist durch Spaliere und ein Tor von der übrigen Fläche abgegrenzt und konnte vielleicht sogar abgeschlossen werden. Wie wir bei der Anlage der Obstgärten noch genauer sehen werden, wurden auch die Kräutergärten offenbar weitgehend unter Verschluss gehalten und waren wohl gar nicht so ohne weiteres für die Bewohner des Klosters zugänglich, auch wenn es manchmal wie in Westminster Sitzgelegenheiten gab, die zum Verweilen einluden.

Wiberts Plan von Christchurch verzeichnet sieben in ost-westlicher Richtung ausgerichtete Reihen verschiedenfarbiger Pflanzen. Vielleicht deuten sie sieben nebeneinander liegende Beete an. Dazwischen ermöglichten grasbewachsene oder sandige Pfade einen bequemen Zugang zu den Beeten und einen Zugriff auf die unterirdisch verlaufende Wasserleitung. Die rechteckigen Beete dürfen wir uns wohl leicht erhöht und mit Brettern umfriedet vorstellen. So beschreibt es zumindest Abt Walahfried:
„Dann im Südwind, bestrahlt von der Sonne, erwärmt sich das Beetchen,
Und ich umfasse mit Holz es im Viereck, damit es beharre,
Über dem ebenen Boden ein wenig höher gehoben".
Wiberts kleiner Plan eines Kräutergartens gehört zu den ganz wenigen bildlichen Quellen, die wir von Gartenanlagen vor dem 14. Jahrhundert kennen. Die Frage, welche Gewächse in Christchurch angebaut wurden, beantwortet der Plan wohl nicht. Die Auswahl der Pflanzen dürfte wohl vom Zweck bestimmt worden sein, dem das Gärtchen diente. Vielleicht wurden Pflanzen gegen kleinere Übel wie Erkältungen, Fieber und Magenprobleme gepflegt

Erhöhte Beete sind typisch für mittelalterliche Gärten.

oder Heilkräuter gegen die Folgen des Aderlasses und zur Versorgung von Wunden. Zu bedenken ist jedoch, dass der Garten im Verhältnis zur Größe des Klosters wohl recht klein gewesen ist. Von den damals als am wichtigsten betrachteten Heilkräutern dürfte jeweils nur ein Exemplar vertreten gewesen sein, was für die Versorgung aller Kranken in so einem großen Kloster wie Christchurch kaum ausgereicht hätte. Die Gartenexpertin Sylvia Landsberg vermutet daher, dass in Wiberts Herbularius vor allem giftige Drogen wie Schlafmohn, Schierling oder Bilsenkraut gezogen wurden.

Vielleicht lag der Schwerpunkt aber auch auf Gewächsen, die den Kranken durch Duft und Schönheit erfrischen sollten. So schildert ja auch der Briefschreiber in Clairvaux kranke Mönche, die sich am Duft, am lieblichen Grün und der Schönheit der Blumen erfreuen. Der Geruch einer Pflanze war für den mittelalterlichen Menschen ein ebenso wichtiges Merkmal wie ihre Farbe oder die medizinische Wirkung. Diese Eigenschaften unterstützten nach damaliger Vorstellung den Genesungsprozess. So verwundert es nicht, dass im Heilkräutergarten auf dem St. Galler Klosterplan die stark duftende Madonnenlilie *(Lilium candidum)* neben der bescheidenen Saubohne *(Vicia faba)* angebaut wurde. Wohl galt auch die Madonnenlilie als medizinisch wirksames Gewächs – Hildegard von Bingen empfiehlt sie bei Hautproblemen –, doch die Schönheit der Blüte und der einmalige Duft dürften bereits damals der Hauptgrund für ihre Pflege gewesen sein.

Pflanzen im mittelalterlichen Kräutergarten

Der Kräutergarten des St. Galler Klosterplans verzeichnet neben der Madonnenlilie *(lilium)* zahlreiche weitere Gewächse, die wir heute zum Teil nur bedingt als Heilkräuter ansehen würden. Aufgezählt werden Rose *(rosa)*, Saubohne *(fasiolo)*, Bohnenkraut *(sata regia)*, Frauenminze *(costo)*, Bockshornklee *(fena greca)*, Rosmarin *(rosmarino)*, Minze *(menta)*, Gartensalbei *(salvia)*, Weinraute *(ruta)*, Iris *(gladiolus)*, Poleiminze *(pulegium)*, Gartenkresse *(sisimbra)*, Kreuzkümmel *(cumino)*, Liebstöckel *(lubestico)* und Fenchel *(feniculum)*. Walahfried Strabo fügt für in seinem „Hortulus" noch hinzu:

Eberraute *(abrotanum)*, Flaschenkürbis *(cucurbita)*, Melone *(pepones)*, Wermut *(absinthium)*, Andorn *(marrubium)*, Muskatellersalbei *(sclaregia)*, Sellerie *(apium)*, Betonie oder Heilziest *(vetonica)*, Odermennig *(agrimonia)*, Katzenminze *(nepeta)*, Rettich *(rafanum)* und „ambrosia".

Unter „*Ambrosia*" verstand Walahfried vermutlich eine Gruppe verschiedener Pflanzen, zu der Schafgarbe *(Achillea millefolium)* und Rainfarn *(Chrysanthemum vulgare)* gehörten. Der Anbau von Andorn *(Marrubium vulgare)*, Heilziest *(Betonica officinalis)* und Odermennig *(Agrimonia eupatoria)* im Garten erscheint zunächst merkwürdig. Die häufig vorkommenden Gewächse konnten ebenso gut in den umliegenden Wiesen und Wäldern gesammelt werden, vielleicht wurden sie auch deshalb nicht in den St. Galler Plan aufgenommen. Andererseits war gerade der Heilziest ein wichtiges Mittel gegen Kopfschmerzen. In dem Kräuterbuch des Apuleius Platonicus kann man alles über seine viel geschätzten Kräfte in einem speziellen Traktat nachlesen. Heilziest war zudem, wie der duftende und hübsch gelb blühende Odermennig, als Wundarznei begehrt. Der Andorn galt bereits in der Antike als Gegenmittel bei Vergiftungen und auch ansonsten nützlich bei allerlei Gebrechen.

Aus der Wurzel der prächtig blau blühenden Iris *(Iris germanica)* gewann man im Mittelalter einen Duftstoff, der als Veilchenwurzel bekannt war. Tuchwalker verwendeten die Wurzel, um ihren Stoffen einen angenehmen Geruch zu verleihen, und gegen Blasenleiden sollte sie auch noch helfen. Dennoch würde man Iris, Madonnenlilie und die damals bekannten Rosensorten wie etwa die weiße *Rosa alba* und die rote Essigrose *(Rosa gallica)* in einem heutigen Garten wohl eher in einem Blumenbeet unterbringen. Neben den ihr zugewiesenen Heilwirkungen, Duft und Farbe sind alle drei Gewächse vor allem durch ihre symbolische Beziehung zur Jungfrau

RECHTE SEITE
Mohnsamen wurde dem Brotteig beigemischt.

FOLGENDE DOPPELSEITE LINKS
Die Madonnenlilie hat sich durch Züchtung seit dem Mittelalter kaum verändert.

FOLGENDE DOPPELSEITE RECHTS
Bockshornklee ist ein typisches Gewürz des Mittelmeerraums.

DARAUFFOLGENDE DOPPELSEITE
Die Minze wurde im Mittelalter wegen ihres Dufts und ihrer Heilkraft geschätzt.

364

Maria ausgezeichnet. So wachsen sie auch im „Paradiesgärtlein" und auf Collins „Klostergedanken" einträchtig nebeneinander. Die weiße Lilie steht für die Reinheit und Jungfräulichkeit der Gottesmutter, die roten Rosen symbolisieren, wie wir bereits bei der Betrachtung der steinernen Blumen im Kreuzgang gesehen haben, deren Liebreiz und erduldeten Schmerz, während die blaue Iris an Marias Rang als Königin des Himmels erinnert. Für meditierende Mönche und Nonnen bot die reiche Symbolik dieser Blumen sicherlich viel Stoff zum Nachdenken. Liebstöckel *(Levisticum officinale)*, das altbekannte Maggikraut, war bereits im Mittelalter ein wichtiges Würzkraut für Eintöpfe und Suppen. Kreuzkümmel *(Cuminum cyminum)* und Bockshornklee *(Trigonella foenumgraecum)* hingegen waren in der deutschen Küche lange vergessen. Sie wurden erst in den letzten Jahren als wichtige Zutaten für orientalische und indische Gerichte neu entdeckt. Als Heilpflanzen werden sie heute selten gebraucht, doch halfen Kreuzkümmel, Liebstöckel, Fenchel *(Foeniculum vulgare)* und Anis *(Pimpinella anisum)* damals gegen Bauchschmerzen und Koliken. Bockshornklee linderte Gicht, Fieber und Erkältungen, Furunkel und Geschwüre.

Poleiminze *(Mentha pulegium)*, Weinraute *(Ruta graveolens)* und Frauenminze *(Chrysanthemum balsamita)* werden heute trotz ihres aromatischen Duftes in der Volksmedizin nicht mehr verwendet, weil sie giftig sind. Seit jeher sind sie aber geschätzte Gäste in den Bauerngärten geblieben. Frauenminze ist eigentlich keine Minze, verströmt aber den typischen frischen Geruch, weswegen sie in Potpourris auch heute noch gerne eingesetzt wird. Im Mittelalter verstreute man die Blätter auf dem Boden, um die Luft in den Innenräumen zu erfrischen. Die Poleiminze, das Flohkraut, wurde als wirkungsvolles Mittel gegen Ungeziefer verwendet, half aber auch gegen allerlei Beschwerden von Kopfschmerz über Magenprobleme bis zum Wahnsinn und wurde als Abtreibungsmittel eingesetzt. Die Weinraute schließlich gehört zu den in der mittelalterlichen Pflanzenkunde besonders wichtigen Gewächsen. Gegen Augenprobleme, Melancholie, Frauenleiden und noch viel mehr half die nach Kokos duftende Pflanze. Sie wurde dem Wein zugesetzt, weil man glaubte, diesem eine mögliche Giftwirkung zu nehmen. Galt das Kraut doch seit der Antike als wirksam gegen alle tödlichen Gifte.

Saubohne, Sellerie, Rettich, Flaschenkürbis und Melone sind nach heutigen Vorstellungen eher Kandidaten für den Gemüsegarten. Tatsächlich begegnen wir den meisten von ihnen im Gemüsegarten des St. Galler Klosterplans wieder. Dazu mehr im nächsten Kapitel.

„Warum sollte ein Mensch sterben, in dessen Garten Salbei wächst?" fragt ein mittelalterliches Sprichwort.

FOLGENDE DOPPELSEITE LINKS
Die Weinraute war wahrscheinlich Vorbild der gotischen Kreuzblumen.

FOLGENDE DOPPELSEITE RECHTS
Die Brunnenkresse gab auch einfachem Gemüsebrei eine gewisse Würze.

DARAUFFOLGENDE DOPPELSEITE LINKS
Die nach Zitrone duftende Eberraute wurde in der Klostermedizin gegen Gicht und Rheumatismus eingesetzt.

DARAUFFOLGENDE DOPPELSEITE RECHTS
Der Flaschenkürbis wurde als Rankgewächs zu hübschen Lauben gezogen.

616

362

370

Der Küchengarten

Die Unmäßigkeit ist vor allem zu vermeiden; bei einem Mönch komme es nie unversehens zur Übersättigung, denn nichts verträgt sich weniger mit einem Christen als die Unmäßigkeit.
39. Kapitel der Benediktsregel

Obwohl der Gemüsegarten in den Büchern über Klostergärten meist weniger beachtet wird als der Heilkräutergarten, spielte er für die mittelalterlichen Ordensgemeinschaften dennoch eine überlebenswichtige Rolle. Hier wurde vieles angebaut, was die autark lebenden Mönche und Nonnen für ihre täglichen Mahlzeiten brauchten. So gewährt uns der Blick auf den Gemüsegarten des Klosters seltene Einsichten in das damalige Alltagsleben der Gemeinschaft.

Essen im Kloster Gegessen wurde bei den Zisterziensern gemäß der Benediktsregel zweimal täglich, mittags und abends. In der Fastenzeit gab es nur eine Mahlzeit. War die Arbeit sehr anstrengend, hatte der Abt jedoch das Recht, die Vorschriften etwas zu lockern, etwas mehr zu verteilen oder ein kleines Frühstück, das den Namen *frustulum* für „kleines bisschen" trug, auszugeben. Kranke wurden, wie wir gesehen haben, großzügiger versorgt und durften sogar Fleisch essen, was den Gesunden nicht erlaubt war. Die Ernährung der Zisterzienser war, von dieser Ausnahme einmal abgesehen, rein vegetarisch, erlaubte aber außerhalb der Fastenzeit Milch, Eier und Käse und gelegentlich Fisch. Der bewusste Verzicht auf Fleisch war eine Asketeübung, gleichzeitig eine Annäherung an die Ernährung der armen Landbevölkerung und erinnerte an die paradiesische Zeit vor dem Sündenfall, als sich alle Geschöpfe nur von Pflanzen ernährten. So spricht Gott im Buch Genesis (1, 29) zum ersten Menschenpaar:

„Sehet da, ich habe euch gegeben alle Pflanzen, die Samen bringen, auf der ganzen Erde, und alle Bäume mit Früchten, die Samen bringen, zu eurer Speise."

Benedikt betrachtete die täglichen Mahlzeiten für die Ordensangehörigen weder als reinen Sinnengenuss noch als die bloße Erfüllung einer körperlichen Notwendigkeit. Er forderte jedoch absolutes Stillschweigen bei Tisch und ergänzte die Mahlzeiten durch Lesungen der heiligen Schriften, damit nicht nur der Körper, sondern auch der Geist genährt werde. In Maulbronn ist die spezielle Kanzel für den Leser noch erhalten. Der Leser versah sein Amt für eine Woche und wurde dann durch einen neuen abgelöst. Zur Stärkung erhielt er vor seiner Arbeit etwas Wein, denn immerhin war er bereits seit 2 Uhr morgens auf den Beinen und hatte bereits – meist ohne eine Mahlzeit – viel Arbeit hinter sich gebracht. Er aß später in der Küche mit den

---

Als „Mutter der Kräuter" bezeichnete man im Mittelalter den bitter schmeckenden Wermut. Er wurde vor allem äußerlich gegen Kopfschmerzen und Mückenstiche angewandt.

Brüdern, die für den Küchendienst eingeteilt waren und deren Amt ebenfalls im wöchentlichen Turnus wechselte. Die Mahlzeiten für Mönche und Konversen wurde gewöhnlich in derselben Küche zubereitet, obwohl sie in getrennten Refektorien aßen.

Schlemmen in Cluny Zumindest die Zisterzienser des 12. und 13. Jahrhunderts hatten wohl keine hauptamtlichen Köche. Wie das in anderen Klostergemeinschaften aussah, können wir nur vermuten. Immerhin berichtet Bernhard von Clairvaux von opulenten Festmählern im benachbarten Cluny, die durchaus fortgeschrittene Kenntnisse in der Kochkunst voraussetzten. Bernhard berichtet von einem Festmahl:

Inzwischen wird der eine nach dem anderen Gang aufgetischt, und anstatt des Fleisches, wovon man sich fern gehalten, wird doppelt soviel großer Fische gereicht. Und wenn man vom ersten Gang gesättigt ist und den zweiten berührt, hat es den Anschein, als hätte man den ersten noch nicht gegessen. Denn mit so großer Sorgfalt und Kunst der Köche wird alles zubereitet, dass, sogar wenn vier oder fünf Gänge verzehrt sind, die früheren Speisen kein Hemmnis für die späteren bedeuten und die Sättigung den Appetit nicht verringert. Denn wenn der Gaumen von neuen Gewürzen gereizt wird, entwöhnt er sich allmählich der altbekannten und erneuert sich gefräßig im Verlangen nach ausländischen Geschmäcken, als wäre er noch nüchtern. Der Magen jedoch wird, ohne es zu wissen, überladen, doch die Abwechslung verdrängt die Abneigung. Denn weil wir einen Widerwillen haben gegen pure Speisen, wie die Natur sie gemacht hat, wird die Fresssucht von allerhand falschen Geschmäcken erregt, während die Speisen auf zahllose Weisen miteinander vermischt und die natürlichen Geschmäcke, die Gott in die Sachen gelegt hat, verschmäht werden. Das Maß der Notwendigkeit wird zweifellos überschritten, doch der Genuss ist noch nicht besiegt.

Im Folgenden zählt Bernhard eine ganze Speisekarte unterschiedlicher Eiergerichte auf, die „gedreht und gequält werden (...), geschlagen, flüssig oder hart gemacht und zerkleinert werden; und bald geröstet, bald geschmort, mal gefüllt, mal gemischt oder einzeln aufgetischt werden". Abschließend fragt er:

Wozu dies alles, wen nicht als Zugeständnis an den Widerwillen? Darauf wird der äußerliche Anschein der Dinge soweit geändert, dass nicht weniger das Auge als der Geschmack sich freuen kann; und obwohl der Magen sich schon durch zahllose Rülpser gesättigt zeigt, ist doch die Neugier noch nicht befriedigt. Doch während die Augen von Farben und der Gaumen von Geschmäcken verführt werden, wird der unglückliche Magen weder von Farben beleuchtet noch von Geschmäcken gestreichelt und dennoch gezwungen, alles aufzunehmen, unter dem Druck mehr verschüttet als erquickt.

Vielleicht beschreibt Bernhard ein besonders reichhaltiges Essen, das der Abt von Cluny zu Ehren eines Gastes ausrichten ließ. Der Tisch des Abtes wurde nämlich von der kargen Klosterküche ausgenommen, wenn Besucher gemäß den Regeln der Gastfreundschaft bewirtet werden sollten. Bernardin Schellenberger schildert den Brauch, Gäste nach allen Möglichkeiten der Kochkunst zu verwöhnen, während die Ordensangehörigen ihre vegetarische Mahlzeit einnahmen, auch für Zisterzienserklöster im 20. Jahrhundert. Die Kochkunst der Cluniazenser forderte Bernhard von Clairvaux dennoch zu vielen kritischen Bemerkungen heraus:

Was haben Wein, Weißbrot, Met, Fett, Pfeffer, Ingwer, Kümmel, Salbei auf dem Tisch des Refektoriums zu suchen? Mit Gebratenem wird nicht die Seele gemästet, sondern das Fleisch. Wenn man arbeitet, anstatt zu faulenzen, so gelten Gemüse und Grütze als Leckerbissen.

Für die Lebensweise der Cluniazenser, die sich wie die Zisterzienser in einer Reform von den Benediktinern abgespalten hatten und die dem Chorgebet besonders viel Zeit einräumten, brachte der magenkranke Asket Bernhard nur wenig Sympathie auf. Er schildert die üppigen Schlemmereien als der

Odermennig ist auch heute auf sonnigen Wiesen nicht schwer zu finden. Er wurde frisch zerquetscht für Breiumschläge zur Wundheilung verwendet.

760

mönchischen Lebensweise unangemessen, als sündhaft und damit als schädlich für das Seelenheil. Tatsächlich galt die Fressgier damals als Mutter aller Laster. Im Gegenzug verfügte nur derjenige, der seine Gefräßigkeit im Griff hatte, über die Disziplin, auch alle seine anderen Antriebe zu ordnen. So lehnte Bernhard von Clairvaux das Weißbrot als Statussymbol der Vornehmen und Reichen und die damals übliche kräftige Würze der Speisen sowohl mit teurem Pfeffer oder Ingwer als auch mit heimischem Salbei und Kümmel als unnötig ab. Hingegen lobt er Getreidebrei und Gemüse, deren natürlicher Geschmack ohne zusätzliche Würze und komplizierte Zubereitung besser zur Geltung käme. Der Zisterzienser Heliand von Froidmont fügte um 1200 hinzu:

Liebstöckel wird bis zu zwei Meter hoch, er bildet eine wesentliche Zutat heutiger Suppenwürzen.

Was ist natürlicher, was gesünder, als jene Art Speise und Trank, die allein die Natur als Koch und Arzt schmackhaft macht? Kann nicht jeder leicht seinen Hunger mit Weizenbrot und gut gekochtem Gemüse bannen? Selten verschmäht ein hungriger Magen gewöhnliche Speise.

Andere, persönlich weniger betroffene Zeitzeugen schildern die vermeintlichen Schlemmermähler in Cluny hingegen als weit weniger üppig. Wie in Citeaux gab es auch in Cluny nur zwei Mahlzeiten. Die Benediktsregel sah für jede Mahlzeit zwei gekochte Speisen vor und, wenn vorhanden, Obst oder frisches Gemüse. So bestand das Mittagsessen in Cluny aus Bohnen, Käse oder Eiern – ersetzt durch Fisch an Fastentagen, Sonn- und Feiertagen, und Obst und Gemüse je nach Jahreszeit. Zum Abendessen wurde überwiegend Brot und Käse gereicht. An den großen Feiertagen gab es anstelle der Bohnen Zwiebeln und kleine Kuchen. Getränke wurden für diesen Anlass mit Honig und Gewürzen versetzt. Das Gemüse wurde mit Fett gekocht und gesalzen, außer in der Fastenzeit. Pfeffer gab es nur gelegentlich. Die tägliche Brotration betrug ungefähr ein Pfund. Wenn ein Mönch zum Mittagessen bereits alles verzehrt hatte, durfte er ein weiteres halbes Pfund zum Abendessen erbitten.

Fasten in Clairvaux Dennoch war die Kost der Zisterzienser trotz allem wesentlich karger als die der Kollegen in Cluny, das schon deswegen als Schlemmerhöhle betrachtet werden konnte. Als übliche Mahlzeit – sogar an den hohen Feiertagen – gab es ohne Öl und Speck gekochtes Gemüse, Bohnen und Erbsen, sowie Brot aus Hafer, das wie Erde schmeckte, wie ein Zeitgenosse berichtet. Als Beilage sollen gekochte Buchenblätter gereicht worden sein, deren Nährwert aber ziemlich gering gewesen sein dürfte. Ihr Verzehr half wohl vor allem gegen das Hungergefühl. Getrunken wurde meist Bier, Wasser oder stark verdünnter Wein.

Bernhard selbst aß so wenig und schlecht, dass er unter chronischem Brechreiz litt. Es war ihm unmöglich, geregelte Mahlzeiten zu sich zu nehmen. Sein Essen bestand aus Milch mit Brot oder in Wasser gekochtem Gemüse und Brei, dem gelegentlich Öl und Honig beigemischt waren, um den Magen zu erwärmen. Für Bernhard war exzessives Fasten und der Verzicht auf ausreichendes, nährendes und wohlschmeckendes Essen ein wichtiger Bestandteil seines asketischen Programms. Tatsächlich erreichten in den frühen Jahren des Zisterzienserordens viele Mitglieder kaum das 30. Lebensjahr. Die harte Arbeit, die kargen Mahlzeiten und das viele Fasten setzten auch den genügsamsten Mönchen der Gemeinschaft zu.

Küche und Küchengarten Für die schlichte Ernährungsweise der Zisterzienser genügten weitgehend die Produkte, die der Gemüsegarten lieferte und die in der Klosterküche zubereitet wurden. Die Küche der Mönche und Nonnen gehört zum inneren Bereich der Klausur und liegt meist am Kreuzgang direkt neben dem Refektorium. In Maulbronn sind noch die Durchreichen zu erkennen, die Refektorium und Küche miteinander verbanden. Über die Ausstattung der Küchen im 12. und 13. Jahrhundert ist kaum etwas bekannt, zu wenig ist erhalten geblieben. Die Küchen waren ja feuergefährliche Orte. Sie wurden im Verlauf der Jahrhunderte zudem immer wieder den sich verändernden Bedürfnissen der Köche, Gehilfen und Esser angepasst. Die Küchentechnik wandelte sich, das Material nutzte sich durch ständigen Gebrauch ab. Vermuten dürfen wir wohl meist zwei Feuerstellen, eine Hintertür zum Hof hinaus, in dem Feuerholz gelagert wurde, Platz für Vorräte, Öffnungen in den Wänden, um Licht herein und Hitze heraus zu lassen. Vielleicht gab es Abflussrohre und Wasserleitungen. Aufgrund der Lage der Küche im Klausurbereich war der Küchengarten meist nicht in unmittelbarer Nachbarschaft untergebracht. Auf dem St. Galler Klosterplan etwa befindet sich der Gemüsegarten vor der Tür des Gärtnerhauses, in der Nähe des Obstgartens und der Geflügelställe, deren Mist als Dünger auf die Beete aufgetragen werden konnte. Der Plan von Christchurch verzeichnet – wie wir gesehen haben – gar keinen eigenen Gemüsegarten. Vielleicht, weil Kräuter- und Gemüsegarten nicht immer sauber getrennt wurden, vielleicht, weil Gemüse- und Obstgärten der Benediktinerklöster ebenfalls häufig vor den Klostermauern lagen. Grobgemüse wie Rüben wurde ohnehin dort angebaut.

Die Gewächse des Küchengartens Was wuchs nun in den mittelalterlichen Küchengärten? Die Antwort finden wir wieder einmal auf dem St. Galler Klosterplan. Der dortige Gemüsegarten umschließt auf rechteckigem Grundriss zwei Reihen mit je neun Beeten. „Hier grünen die hübsch aufwachsenden Gemüsepflanzen", heißt es in der kleinen Beischrift. Die Beete tragen die damals wichtigsten Gewächse für die alltägliche Ernährung der Mönche: Mohn *(papaver)* war im Mittelalter ein vielseitiges Nahrungsmittel. Seine Samen eignen sich neben ihren medizinischen Qualitäten zur Ölgewinnung, zum Backen oder als leckere Nascherei. Unter den Gemüsen war die Zwiebel für den klösterlichen Speiseplan besonders wichtig. In Cluny bereitete man daraus sogar ein Festtagsessen zu. Auf dem St. Galler Plan kommt sie gleich zweimal vor. Unter *cepas* verstehen wir die Speisezwiebel. *ascolonias* ist die schon im Mittelalter bekannte und wesentlich feiner schmeckende Schalotte. *Lactuca* – Lattich – war der Salat. Er wurde mit Fett oder Öl, gesäuert oder gesalzen zubereitet. Wolfram von Eschenbach lässt in dem Epos „Parzival" den Ritter Gawain Lattich in Weinessig essen. Kraftnahrung – so fügt der Dichter hinzu – sei das allerdings nicht, und zudem erzeuge solche Speise eine blasse Hautfarbe. Sellerie *(apium)* war damals vermutlich Schnittsellerie. Seine frisch geschnittenen Blätter und Samen wurden im Hospital und in der Küche verwendet. Lauch *(porros)*, Rettich *(radices)*, Pastinaken *(pastinachus)*, Mangold *(betas)* und Kohl *(caulas)* bildeten die Grundlage für Gemüsebreie, Eintöpfe und Suppen. Die Konservierung von Kohl durch die Herstellung von Sauerkraut entstand vermutlich in den Klöstern. Dort hatte man zunächst die Methode der Römer weitergeführt, nach der die Köpfe im Ganzen, mit Salz bestreut und mit Essig übergossen, in Tonkrügen aufbewahrt wurden. Später übernahm man von slawischen Völkern das Verfahren der Sauerkrautherstellung mit Hilfe von Milchsäuregärung. Interessanterweise nennt der St. Galler Gemüsegarten weder Erbsen noch Bohnen, Grundnahrung weiter Teile der Bevölkerung bereits während der Römerzeit und wichtigstes Nahrungsmittel im Mittelalter überhaupt. Bohnen, nämlich Saubohnen, finden wir auf dem St. Galler Plan nur im Kräutergarten, Erbsen werden gar nicht erwähnt. Im Zisterzienserkloster Beaulieu im englischen Hampshire hingegen wurden im 13. Jahrhundert gleich in mehreren Gärten Bohnen angebaut. Es war die erste Pflicht des dortigen Küchengärtners, Bohnen und Erbsen für die tägliche Suppe bereit zu stellen. Da zumindest in dieser Zeit im Kloster kaum Fleisch gegessen wurde, hielten die nährstoffreichen Hülsenfrüchte die Menschen bei Kräften. Dennoch konnten sich offenbar nicht alle Menschen mit den Bohnengerichten anfreunden. Der adelige Dichter Walther von der Vogelweide etwa beschimpft sie als Fastenfraß. Er seufzt in einem Spruch:

Zu den Minzen zählte man im Mittelalter ganz verschiedene Kräuter.

FOLGENDE DOPPELSEITE LINKS
Die Zwiebel bildete die würzige Grundlage vieler mittelalterlicher Gemüsebreie.

FOLGENDE DOPPELSEITE RECHTS
Einige Exemplare des Kopfsalates ließ man in den Klostergärten immer ins Kraut schießen, um Samen für die neue Aussaat zu erhalten.

Kreuterbuchs Ander Theil/

Spitz Müntz.
Hertzkraut.

Roß Müntz.
Wild Katzenkraut.

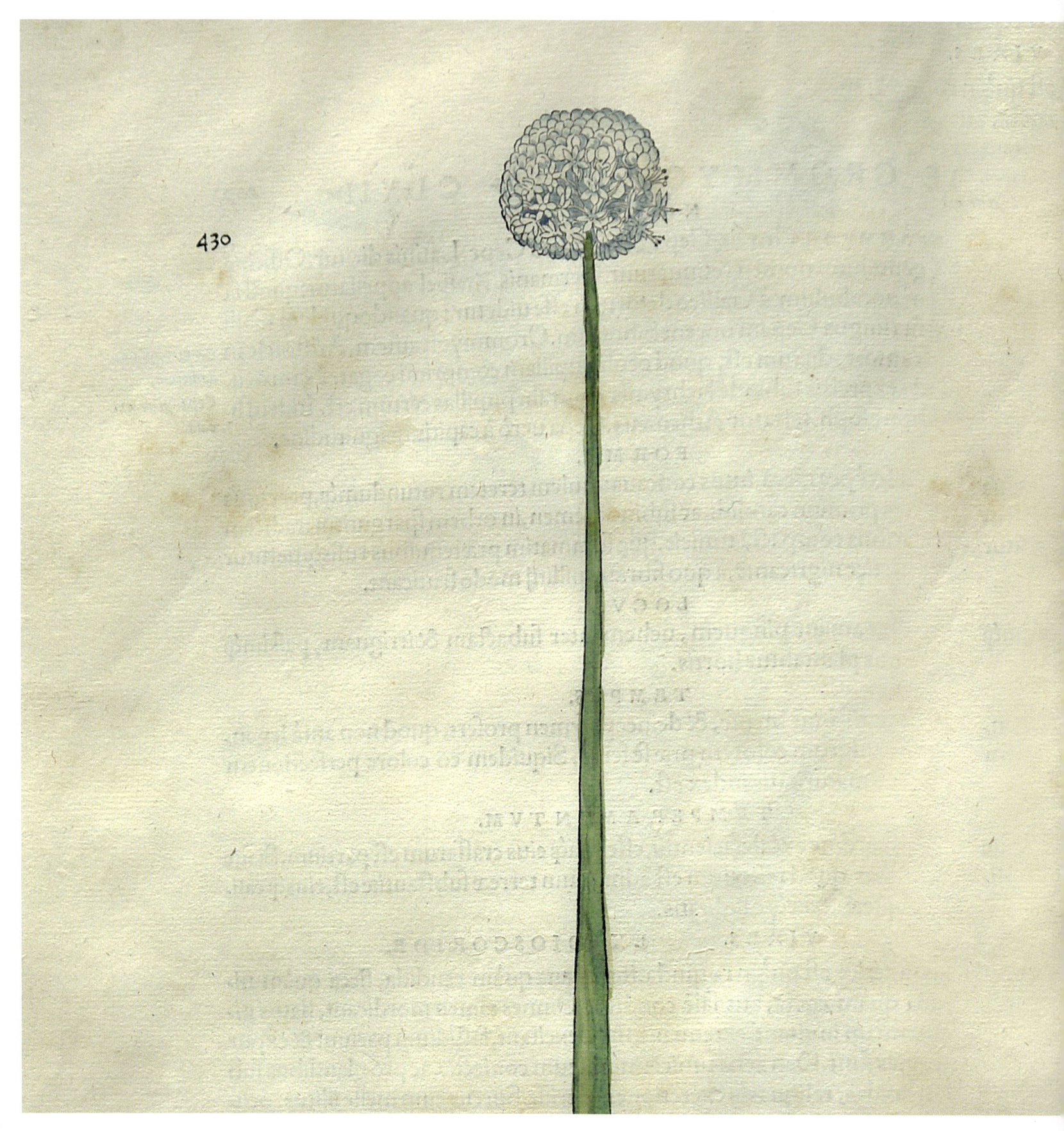

682

Als Fastenspeise war die Pastinake im Mittelalter beliebter als die Möhre, da sie mehr Stärke enthält.

FOLGENDE DOPPELSEITE LINKS
Birnen wurden meist gekocht gegessen, beliebt war die Zubereitung mit Rotwein und Gewürzen.

FOLGENDE DOPPELSEITE RECHTS
Die Blätter des Korianders gelten heute als exotisches Gewürz.

DARAUFFOLGENDE DOPPELSEITE
Petersilie war zwar wie heute ein beliebtes Würzkraut, galt jedoch auch als „Teufelskraut".

Waz êren hât frô Bône
daz man sô von ir singen sol?

Zur Geschmacksverbesserung der schlichten Nahrungsmittel wurden würzig schmeckende Gemüse wie Lauch, Zwiebeln und Knoblauch eingesetzt. Außerdem durften Küchenkräuter nicht fehlen, auch wenn ihre Verwendung von einigen Zisterziensern kritisiert wurde. Auf dem St. Galler Klosterplan finden wir die bis heute unentbehrlichen Kräuter Dill (*anetum*), Kerbel (*cerefolium*) und Bohnenkraut (*sata regia*). Die Saat des Koriander (*coriandrum*) gehört immer noch in Lebkuchengewürzmischungen und ist eine aromatische Zutat für Weihnachtsgebäck. Nicht jedermanns Sache sind hingegen seine frischen grünen Blättchen, wichtiger Bestandteil vieler indischer Rezepte. Blätter und Wurzeln der Petersilie (*petrosilium*) waren in jeder mittelalterlichen Küche im Einsatz. Ebenso wichtig war die Pflanze damals als Arzneimittel: Frauenleiden und Erkrankungen der Harnwege wurden damit behandelt. Schwarzkümmel (*gitto*) ersetzte den teuren Pfeffer, dessen Verwendung Bernhard in Cluny so sehr beanstandete. Gerne knetete man Schwarzkümmel auch in den Brotteig.

Von Kochbüchern und Rezepten Leider haben sich keine Rezeptsammlungen aus Klöstern des 12. und 13. Jahrhunderts erhalten. Rezepte wurden meist mündlich weitergegeben, weil viele Köche ohnehin nicht lesen konnten und weil Pergament als Beschreibstoff viel zu kostbar war, um Arbeitsnotizen darauf zu hinterlassen. Immerhin wissen wir, dass Mitte des 9. Jahrhunderts im Benediktinerkloster von Tours das berühmte, um Christi Geburt verfasste „Kochbuch des Apicius" abgeschrieben wurde. Die reich illustrierte Handschrift befindet sich heute in der päpstlichen Bibliothek im Vatikan. Das „Kochbuch des Apicius" prägte die mittelalterliche Küche über eine lange Zeit. So begegnen wir ihm sogar in den Schriften des Abtes Odo von Cluny wieder. Ob einige der in Cluny entwickelten Rezepte, die Bernhards Missfallen erregten, wohl auf dieses Buch zurück zu führen sind? Andererseits spielten viele der in den frühen Klostergärten angebauten Kräuter und Gewürze wie Kreuzkümmel oder Bockshornklee im späten Mittelalter nur noch eine untergeordnete Rolle. Hier hat sich der im frühen Mittelalter noch deutlich römisch gefärbte Geschmack gewandelt. Petersilie, Bohnenkraut, Salbei, Ysop und saurer Apfel- oder Traubensaft sind in späterer Zeit an ihre Stelle getreten.

Ab dem 14. und 15. Jahrhundert kennen wir handschriftliche Rezeptsammlungen vor allem aus großbürgerlichen oder adeligen Haushalten, so dass man einen ganz guten Eindruck von der spätmittelalterlichen klösterlichen Küche gewinnen kann, wenn man sich vegetarische Rezepte und solche für Fastenspeisen anschaut. Dennoch ist zu beachten, dass das in den Rezepten häufig genannte Weißbrot in Klöstern eher selten anzutreffen war. Weißbrot war vor allem Speise des Adels. Bauern und Klosterangehörige aßen dunkles Brot aus Hafer oder Roggen. Salz war teuer, ebenso dürften Pfeffer, Zucker oder Safran gerade in den Zisterzienserrefektorien des 12. und 13. Jahrhundert, wenn überhaupt, nur selten auf den Tisch gekommen sein. Im Folgenden ist eine kleine Auswahl von Rezepten aus dem 14. und 15. Jahrhundert versammelt, in denen Produkte verwendet werden, die man – mit schlichteren Zutaten – auch in einem Zisterzienserkloster vermuten dürfte.

Ein Bohnengericht

Koche grüne Bohnen (Saubohnen), bis sie weich sind. Dann nimm Weißbrot, ein wenig Pfeffer und dreimal so viel Kümmel, Essig sowie Birnen, verrühre dies alles miteinander und füge Safran hinzu. Gieße das Kochwasser von den Bohnen ab und gib das Gemisch über die Bohnen, salze nach Geschmack, lass sie mit dem Würzgemisch aufkochen und trage sie auf.

Ein Erbsengericht

Gekochte Erbsen drücke durch ein Sieb, schlage die gleiche Menge Eier daran und koche dies in Butter, aber nicht zu fett. Lass es abkühlen, schneide es in Stückchen, stecke diese an einen Spieß, brate sie gut und bestreiche sie mit Ei, bestreue sie mit Kräutern und reiche sie.

Ein Fastenbrei

Wenn du eine gute Fastenspeise bereiten willst, so nimm Barsche, siede sie gar in dicker Mandelmilch (vgl. das Rezept im nächsten Kapitel) und streue Zucker darüber. Dies nennt sich „Speise aus Jerusalem"; man kann sie kalt oder warm essen.

Lauch und Brotstückchen in Wein

Schneide den Lauch in dünne Streifen. Siede die Streifen mit Öl und Salz in Wein, bis der Lauch weich ist. Breche das Weißbrot in kleine Stücke und verteile es auf die Teller. Bedecke sie mit dem Lauch und heißem Wein.

Das Refektorium war meist direkt vom Kreuzgang zu erreichen.

Obstgarten und Friedhof

Zwei gekochte Speisen also sollen allen Brüdern genügen. Ist aber etwas Obst oder frisches Gemüse vorhanden, so reiche man ein drittes Gericht.
39. Kapitel der Benediktsregel

Für die Gemeinschaft der Zisterzienser, die sich fast ausschließlich von vegetarischen Produkten aus eigenem Anbau ernährte, waren neben den Gemüsegärten die Obstgärten von besonderer Bedeutung. Auf dem Gelände größerer Konvente konnten solche Anlagen viel Platz beanspruchen, so dass sich die Obstgärten der Klöster trotz Benedikts Aufruf, möglichst alles Lebensnotwendige innerhalb des Klostergeländes zu produzieren, meist vor den Konventsmauern befanden. Unser Briefschreiber berichtet von ausgedehnten Obstwiesen um das Kloster von Clairvaux. Bischof Wibert verzeichnet auf seinem Plan von Christchurch ein „*Pomarium*" – einen Apfelgarten – am Kanal bei den Weingärten und Getreidefeldern. Dennoch wollte man in Canterbury offenbar auch innerhalb der Klostermauern auf Obst nicht verzichten, und so sind weitere baumartige Gewächse innerhalb der Mauern östlich und südlich der Klosterkirche eingezeichnet.

Friedhof Doch weist der Obstgarten hinter den Mauern von Christchurch eine Besonderheit auf: In Christchurch war der Obstbaumgarten nämlich zugleich ein Garten der Toten. Er diente als Obstwiese und als Friedhof gleichermaßen.

Die verstorbenen Mönche und Nonnen wurden bis ins 17. Jahrhundert ohne Sarg und Kennzeichnung in die Erde gelegt. Nach einiger Zeit exhumierte man ihre Knochen und legte sie entweder in eine Knochengrube oder brachte sie in ein Beinhaus in der Nähe des Friedhofs. Ein achteckiges Beinhaus aus der Mitte des 13. Jahrhunderts ist in Doberan auf der Nordseite der Kirche am östlichen Rand des Friedhofs erhalten. Äbte und Äbtissinnen hingegen wurden manchmal im Boden des Kreuzgangs, im Kapitelsaal, in Kapellen oder in der Kirche beerdigt. Auf der dem Kreuzgang gegenüber liegenden Seite der Kirche, also meist im Norden, liegen die allermeisten Klosterfriedhöfe. Doch keine Regel ohne Ausnahme: Im ehemaligen Kloster der Zisterzienserinnen von Wienhausen lag der Nonnenfriedhof sogar im Kreuzgarten. Auf dem St. Galler Plan liegt der Obstgarten/Friedhof entfernt von der Kirche, südöstlich der Kirchenapsis in der Nähe der anderen Gärten. In Christchurch grenzt der zweigeteilte Friedhof direkt an die Apsis und die südliche Außenmauer der Kirche.

Auf dem St. Galler Klosterplan genügte offenbar ein einziger Friedhof. In vielen größeren Klöstern gab es jedoch mehrere Friedhöfe oder zumindest unterschiedliche Abteilungen, etwa für Mönche und Konversen und manchmal auch für Laien, die während ihres Aufenthalts im Kloster starben. In Doberan wurden Mönche und Wohltäter des Klosters auf einem gemeinsamen Friedhof bestattet. In Christchurch waren die Friedhöfe für Mönche und Laien voneinander getrennt. Beide sind von einer Mauer und verschließbaren Eingängen umgeben und mit Wasserstellen versehen. Der Laienfriedhof ist mit einem Brunnen, der Mönchsfriedhof mit einem großen Fischbecken ausgestattet. Die Anwesenheit von Becken und Brunnen deuten auf die regelmäßige Pflege und die wirtschaftliche Bedeutung des Geländes.

Schädelstätte und Jüngstes Gericht
In der Mitte des Friedhofs und Baumgartens auf dem St. Galler Plan ist ein Kreuz eingezeichnet, das wir uns wohl aufgerichtet vorstellen müssen. Die Beschriftung auf dem Plan vergleicht das Kreuz mit den Bäumen:

Unter diesen Hölzern ist das heiligste immer das Kreuz, von dem duften die Früchte des ewigen Heils. Um es herum sollen liegen die Leiber der verstorbenen Brüder. Wenn es wieder erglänzt, mögen sie empfangen die Reiche des Himmels.

Die Beischrift verweist auf die vielfältige Symbolik, mit der Klosterangehörige Dinge, Objekte und Gewächse belegen konnten. So symbolisiert das Kreuz im Kontext des Friedhofs den zentralen Baum des Gartens und gleichzeitig den Baum des Paradieses. Der Legende nach war nämlich Golgatha, die Schädelstätte, auf das Kreuz errichtet wurde, der Mittelpunkt des einstigen Paradieses und der Ort, an dem zu Adams und Evas Lebzeiten der Baum der Erkenntnis stand. Seine Früchte verleiteten die Ureltern zu ihrem Fehltritt. Aus seinem Holz wurde später das Kreuz Christi gezimmert. Am Ende aller Tage schließlich, so glaubte man im Mittelalter, werde Christus an der Schädelstätte als Weltenrichter erscheinen, um die Toten und die Lebenden zu richten. So waren Friedhof und Baumgarten des Klosters in der Symbolwelt der Mönche und Nonnen nicht nur eine Erinnerung an den verlorenen Paradiesgarten voller verführerischer Früchte. Der Garten vermittelte auch Trost im Angesicht des unvermeidlichen Todes und weckte Hoffnung auf die Wiederkehr Christi und die Auferstehung der Toten am Ende der Zeit.

Erholung im Garten?
Auf dem Friedhof beteten die Mönche und Nonnen für die Verstorbenen. Vermutlich verbrachten sie im Obstgarten einen Teil ihrer knappen Freizeit. Wie bereits bei der Betrachtung der Abtsgärten angesprochen, kennen wir nur wenige Äußerungen zu den Erholungs- und Vergnügungsaspekten der klösterlichen Gärten. Eine bedeutende Stimme gehört Walahfried Strabo, dem Abt des Klosters auf der Insel Reichenau. Er schreibt in der Widmung seines Gedichtes an den Abt Grimaldus:

*Wenn du einmal verweilst
im Geheg deines grünenden Gartens,
Unter dem laubreichen Wipfel
der schattigen Obstbäume sitzend,
Wo der Pfirsich mit ungleichen Schatten
die Strahlen zerstreut,
Während die spielenden Knaben,
die fröhliche Schule des Klosters,
Dir die weißlichen Früchte
mit zarter flaumiger Schale sammeln ...*

Strabo schildert ein eingezäuntes Areal mit Obstbäumen, in dem Klosterschüler unter Aufsicht des Abtes im Garten verweilen. Vielleicht spielt der Autor auf einen privaten Abtsgarten im Kloster Reichenau an, den Grimaldus mit den Schülern oder Novizen des Klosters zu Erholung aufsuchte. Vielleicht ist aber auch nur der gemeinschaftliche Obstgarten des Klosters gemeint, in dem man sich nach dem Unterricht entspannen oder auf die nächste Stunde vorbereiten konnte. Eine im 15. Jahrhundert entstandene Miniatur aus dem ehemaligen Benediktinerinnenkloster Ebstorf in der Lüneburger Heide zeigt Klosterschülerinnen unter Aufsicht einer Nonne in einem umzäunten Baumgarten, die in einer Unterrichtspause Hasen an Halsbändern spazieren

Der Schlussstein im Kloster Bebenhausen zeigt eine menschliche Figur, umrankt von Blattwerk.

Der Garten des Zisterzienserinnenklosters Heiligkreuztal erscheint dem Maler des 19. Jahrhunderts als Idyll.

LINKE SEITE
Einfache Pflanzenornamente entsprachen der schlichten Ästhetik der Zisterzienser.

FOLGENDE DOPPELSEITE
Speierling und Mispel erscheinen schon in den Pflanzenlisten Karls des Großen, werden heute aber nur noch selten angepflanzt.

DARAUFFOLGENDE DOPPELSEITE LINKS
Als „Rose ohne Dornen" erinnerte die Pfingstrose an Maria.

DARAUFFOLGENDE DOPPELSEITE RECHTS
Die Früchte der Esskastanie lieferten ein nahrhaftes Zubrot im Winter, sie konnten auch gekocht und zu Mehl gemahlen werden.

führen. Bild und Gedicht deuten an, dass zumindest die Baumgärten der Benediktiner nicht ausschließlich dem Nutzen und der Arbeit gewidmet waren, sondern durchaus auch der Erholung dienen konnten und sogar ästhetisch gewürdigt wurden. Doch ging es bei den Zisterziensern wirklich so anders zu? Wissen wir doch, dass auch der strenge Bernhard von Clairvaux die Ruhezeiten nach der harten Arbeit nutzte, um im Garten zu meditieren. Ja, dass er sogar den Aufenthalt im Freien und in der Natur dem Bücherstudium vorzog.

Auf dem Plan von Canterbury scheinen jedoch feste Mauern und Tore das Gartengelände einzufassen, und das, obwohl das ganze Klostergelände bereits von hohen Mauern umgeben ist. Tatsächlich waren die Gartengelände des Klosters meist verschlossen. Es wurde streng darauf geachtet, dass sich die Klosterangehörigen nicht heimlich und allein in den Garten zurückzogen. Wenn der Garten zur Erholung genutzt werden durfte, geschah dies offenbar immer in Gemeinschaft oder unter der Aufsicht eines Oberen.

Von der Anlage des Obstgartens

Wie die Baumgärten und Friedhöfe innerhalb der Klostermauern bepflanzt waren, wissen wir recht genau, da der Zeichner des St. Galler Plans sich die Mühe gemacht hat, die Obstsorten einzeln aufzuzählen. So ist wohl davon auszugehen, dass der Garten tatsächlich gleichermaßen Andachtsstätte wie Nutzgarten gewesen ist. Der Garten hat einen rechteckigen Grundriss. Die umliegenden Grabfelder wechseln in regelmäßigen Abständen mit Baumsymbolen ab, die vermutlich einzelne Baumgruppen darstellen. Weggelassen hat der Zeichner den Brunnen oder den Kanal für die Wasserversorgung des Gartens. In diesem Punkt ist Wiberts Plan von Christchurch genauer, der sogar den Zu- und Ablauf für Fischbecken und Brunnen eingezeichnet hat.

Dafür lässt Wibert uns mit der Frage nach der Gestaltung des Obstgartens und der Auswahl der Bäume im Unklaren. Nach allem was wir über mittelalterliche klösterliche Obstgärten wissen, können wir wohl auch in Christchurch von einer formal strukturierten Gartenanlage ausgehen, in der zumindest Äpfel, Birnen und Quitten und vielleicht auch Kirschen und Nussbäume standen.

Der Klosterplan von St. Gallen nennt noch viele weitere Arten: Neben Apfel (*malarius*) und Birne (*perarius*) sind Pflaume (*prunarius*), Speierling (*sorbarius*), Mispel (*mispolarius*), Lorbeer (*laurus*), Esskastanie (*castenarius*), Feige (*ficus*), Quitte (*gudunarius*), Pfirsich (*persicus*), Haselnuss (*avellenarius*), Mandel (*amendelarius*), Maulbeere (*murarius*) und Walnuss (*nugarius*) verzeichnet. Ob sämtliche Gewächse in den benediktinischen und zisterziensischen Klöstern des Mittelalters angebaut wurden, darf dennoch bezweifelt werden. Feigenbäume und Lorbeer benötigten ja eine besondere Pflege, wenn man sie über den deutschen Winter bringen wollte. Auch die robusteren Pfirsich- und Mandelbäume dürften besser im milden Klima der Weinbaugebiete gediehen sein als im kühlen Doberan oder gar in schottischen Klöstern.

Auf jeden Fall wuchs in den Obstgärten zwischen den Bäumen Gras. Durch die Baumgruppen führende Sandwege könnten die Arbeit an den Bäumen erleichtert haben, und möglicherweise gab es Rosen- und Weinspaliere an den Mauern. Der Obstgarten gehörte zum Aufgabenbereich des Kellerars, der die Vorräte verwaltete, der Friedhof stand unter der Aufsicht des Sakristars, der dort vielleicht Blumen und Gewächse anpflanzen ließ, die für religiöse Feste benötigt wurden. Rosen und Lilien, Stechpalmen und Pfingstrosen mögen dort gewachsen sein.

Von Äpfeln, Birnen und Kirschen

Zu den wichtigsten Gewächsen des klösterlichen Obstgartens im Mittelalter gehörte natürlich der Apfel (*Malus domestica*). Der Apfel galt im Mittelalter als die Frucht des Paradieses und damit als Bestandteil des ersten

202

Gartens. Auf dem Bild vom „Paradiesgärtlein" mahnen die angebissenen Äpfel auf dem Tisch noch an Adams und Evas Missachtung von Gottes Verbot. So erinnert der Apfelbaum jeden Gartenbesucher daran, woher die Menschheit stammt und was sie verloren hat. Bereits zur Zeit Karls des Großen im 9. Jahrhundert wurden verschiedene Apfelsorten angebaut, von denen uns sogar die Namen überliefert sind, die sich heute jedoch nicht mehr zuordnen lassen. Einige mittelalterliche Sorten sind jedoch heute noch in Kultur. Darunter befinden sich auch solche, die auf zisterziensische Züchtungen zurückgehen, wie die graue französische Renette, die Urahnin aller späteren Renettenäpfel. Sie stammt aus dem französischen Zisterzienserkloster Morimond. Im 12. Jahrhundert wurden Pfropfreiser von dort aus über die Klöster Altencamp am Niederrhein, Walkenried und Pforta (Sachsen) bis nach Leubus in Schlesien weitergereicht. Klein und mit braungrauer, lediger Schale, entspricht die Renette nicht gerade unseren heutigen Vorstellungen von einer Paradiesfrucht. Dennoch wird sie auf Streuobstwiesen immer noch gerne gepflegt. Ihre Frucht ist wichtiger Bestandteil für einen sehr gehaltvollen Apfelwein, der im Aroma der Grauburgundertraube ähneln soll.

Äpfel waren im Mittelalter ein wichtiges Handelsgut für die Klöster und wurden auf verschiedene Weise verarbeitet. Nur ein kleiner Teil der Ernte kam jedoch frisch als Tafelapfel auf den Tisch des Refektoriums oder wurde zu Kompott oder Mus verarbeitet. Der weitaus größte Teil diente der Herstellung von Getränken. Je nach Region wurden die Früchte zu *verjus* – eine Art Obstessig aus dem Saft unreifer Früchte –, Most oder Cider verarbeitet. Benedikt hatte zwar in seiner Regel Wein als Getränk für beide Mahlzeiten des Tages festgelegt, je nach Lage des Klosters wurde der Wein für die Tafel jedoch manchmal durch Apfelmost ersetzt. In diesem Fall war sogar ein beträchtlich höheres Maß erlaubt als der vorgesehen knappe Viertelliter pro Mahlzeit. Neben den Äpfeln war die Birne (*Pyrus communis*) das im Mittelalter am häufigsten angebaute Obst. Sie hatten zwar nicht die symbolische Bedeutungskraft der Äpfel, doch auf mittelalterlichen Bildern werden die Früchte des Birnbaums gerne als Begleitung der Jungfrau Maria dargestellt. So etwa auf dem um 1490 entstandenen Andachtsbild des italienischen Malers Carlo Crivelli, der auf seiner Darstellung der Muttergottes und ihrem Kind neben einem Apfel und einer Kirsche auch eine Birne am linken oberen Bildrand beigefügt hat. Die ersten wohlschmeckenden Kultursorten der Birne kamen bereits mit den Römern nach Deutschland, wo sie zunächst in den klösterlichen Gärten weiter kultiviert wurden. Ebenso wie Äpfel wurden und werden Birnen in zahllosen unterschiedlichen Sorten angebaut, von denen viele die Zeiten nicht überdauert haben und durch jüngere, dem jeweiligen Geschmack entsprechendere Sorten ersetzt wurden.

Eine echte mittelalterliche zisterziensische Züchtung, die heute immer noch gepflegt wird, ist die englische Warden-Birne. Sie war von allen Birnensorten im mittelalterlichen England die bekannteste und gelangte aus Burgund in das Zisterzienserkloster Warden im englischen Bedfordshire. Diese aß man nicht roh, wie überhaupt die allermeisten Früchte in der mittelalterlichen Küche gekocht oder gebacken verzehrt wurden, weil man diese Zubereitungsweise für gesünder hielt. Zudem war gerade die Warden-Birne nicht zufällig auch als „*Iron-Pear*", also als Eisenbirne bekannt. Unter ihrer schwärzlich gefleckten Schale steckt nämlich sehr festes Fleisch. Meist wurde sie gebacken, weil sie erst dann ihren vollen Geschmack entfaltete.
Hier ein Rezept für heiße gebackene Warden-Birnen, das auch mit anderen festen Birnensorten gelingt: Benötigt werden 6 große, feste Warden-

Der Apfelbaum erinnert an den Sündenfall im Paradies.

LINKE SEITE
Die französische graue Renette geht auf das Zisterzienserkloster Morimond zurück.

Birnen, 300 bis 450 ml Rotwein, 28 g brauner Zucker, gemahlener Zimt, gemahlener Ingwer und gemahlener Safran. Den Ofen auf 180º C vorheizen. Die Birnen schälen und in eine ofenfeste Form legen. Rotwein, Zucker und Gewürze miteinander mischen und die Flüssigkeit über die Birnen gießen. Die Birnen zwei Stunden im Ofen backen, bis sie weich sind. Wenn der Rotwein die Birnen nicht völlig bedeckt, sollte man sie nach einer Stunde wenden.

Aus der auch als „Worcester Black Pear" bekannten Warden-Birne bereitete man zudem eine süße Obstpastete zu, die in England heute noch bekannte *Warden-Pie*. Ein altes Rezept aus dem Kochbuch „*The Good Huswifes Handmaid for Cookerie in her Kitchen*" von 1588 macht leider keine Angaben zum Teig. In England sind heute Fertigmischungen oder Fertigteige aus dem Kühlregal für die Zubereitung von Pies verbreitet. Wer es trotzdem selber machen möchte, kann es mit diesem Rezept versuchen: 2 1/2 Tassen Mehl mit 1/2 Tasse Butter, 6 El Wasser, etwas Zucker und 3 Eigelben verkneten. Den Teig teilen, kühl stellen, ruhen lassen und anschließend ausrollen.

Für die Füllung werden benötigt: 1 1/2 kg kleine Birnen, 3 Tassen Weißwein (Chardonnay oder Riesling), 1 Tasse Zucker, 1 Tl gemahlener Zimt, 1/2 Tl gemahlene Gewürznelken. Die Birnen schälen, die Gehäuse entfernen, die Früchte in Viertel schneiden und in einen Kochtopf geben. Zucker und Wein miteinander vermischen. Die Flüssigkeit über die Birnen gießen und die Früchte etwa 30 Minuten kochen, bis die Flüssigkeit leicht sirupartig eindickt. Die Birnen aus dem Sud heben und abkühlen lassen. In der Zwischenzeit den Ofen auf 220° C vorheizen. Die Hälfte des ausgerollten Teigs in eine flache Form legen, die Birnen darauf geben, mit Zimt und Nelken bestreuen. Die Birnen mit dem restlichen Teig bedecken, die Ränder der beiden Teighälften zusammendrücken. Ein Luftloch in die Mitte der Teigabdeckung schneiden. Die Pie 35 Minuten backen, danach aus dem Ofen nehmen und den Weinsirup durch das Loch in der Kruste gießen. Den Kuchen vorsichtig schütteln, um den Sirup zu verteilen. Zurück im Ofen sollte die Pie noch weitere 45 Minuten backen. (Damit der obere Teig nicht braun wird, hat man die Form früher wahrscheinlich nach der halben Backzeit mit einem Deckel verschlossen, heute tut es auch Backpapier oder Aluminiumfolie.) Warm servieren.

Mit Wein und Gewürzen verfeinerte Birnenpastete oder Kompott dürften bei den Zisterziensern zur Zeit Bernhards von Clairvaux jedoch gar nicht oder nur sehr selten auf den Tisch gekommen sein. Die vorgestellten Rezepte genügten vor allem den Ansprüchen der verfeinerten adeligen und bürgerlichen Küche. Rohrzucker brachten die Kreuzfahrer zwar aus dem Orient mit, er war aber sehr teuer. Gesüßt wurde stattdessen mit Honig, der ebenfalls selten war und als Luxusprodukt galt.

Generell wurden Birnen in der mittelalterlichen Küche häufiger verarbeitet als Äpfel, weil sie sich weniger gut für die Getränkeherstellung eigneten. Hildegard von Bingen beurteilt Birnen als gutes Nahrungsmittel, aber sie rät vom Rohgenuss ab und empfiehlt, die Früchte am Feuer zu braten oder besser zu kochen.

Die einzige bedeutende Frucht, die im Mittelalter direkt vom Baum und gerne roh verzehrt wurde, war die Kirsche. Eine Dame auf dem Bild vom „Paradiesgärtlein" macht es vor: Sie füllt mit den frisch gepflückten Kirschen einen geflochtenen Korb, den sie gewiss der Jungfrau Maria verehren wird. Tatsächlich finden wir auf vielen mittelalterlichen Marienbildern einzelne Kirschen. Die rote Farbe und der süße Geschmack symbolisieren die Leiden von Mutter und Kind und die Freuden des himmlischen Paradieses gleichermaßen. Wohl deshalb hat Carlo Crivelli eine einzelne, verführerisch schimmernde Frucht auf den Sims im Vordergrund

LINKE SEITE
Für die Warden-Pie werden Birnen aus der englischen Zisterzienserabtei Warden verwendet.

Der Maler Carlo Crivelli war bekannt für seine von Früchten umgebenen Madonnen.

seines Madonnenbildes gemalt. Gemeinsam mit Apfel und Birne symbolisiert die Kirsche den Weg vom Sündenfall der Ureltern über die Erlösung durch die Geburt Jesu und dessen Tod am Kreuz und die Verheißung des Paradieses am Ende der Zeit. Im Unterschied zu Birne oder Apfel gab es für die Kirschen bis zum Mittelalter keine nennenswerte Sortenentwicklung, dennoch unterschied Albertus Magnus im 13. Jahrhundert immerhin schon zwischen Süß- und Sauerkirschen.

<u>Quitten, Nüsse und Mandeln</u> Überhaupt nicht für den sofortigen Verzehr frisch vom Baum geeignet sind die Quitten, die aus diesem Grund heute nur noch eine Randexistenz in den Supermärkten führen. Im Mittelalter gehörten sie jedoch zu den beliebtesten Obstsorten und dürften aus diesem Grund in den allermeisten Klöstern gepflegt worden sein. Ihre Kultur reicht bis in das Altertum zurück. Ihre Farbe trug ihnen den Namen „goldener Apfel" ein, ebenso wurde ihr Duft vielfach gerühmt. Tatsächlich genügen wenige Exemplare in einer Schale, um einen ganzen Raum mit betörendem Duft zu füllen. Ganz besonders wurde sie jedoch seit jeher als Genussmittel geschätzt. Man bereitete Wein für die Kranken aus geschälten Früchten zu, die in Regenwasser vergoren wurden. Man aß sie gekocht, gebacken, gebraten, als Quittenmus, als Quittenpastete in der Art der Warden-Pie und noch in vielen anderen Formen, die in den alten Kochbüchern überliefert, heute aber weitgehend in Vergessenheit geraten sind, so wie dieses mittelalterliche Rezept für Quittenmus:

Wenn du Quittenmus bereiten willst, koche eine beliebige Menge Quitten recht gar, zerstoße sie in einem Mörser, schlage sie durch ein Tuch (Sieb) und füge Eigelb hinzu. Koche sie damit auf, salze nur wenig und streue Zucker darüber.

Etwas überraschend für uns ist der regelmäßige Genuss von Feigen im Mittelalter, gilt der Baum doch als typisches Gewächs des Mittelmeerraums. Dennoch hat man ihn im ganzen Mittelalter auch in unseren Breiten kultiviert. Die Früchte waren eine beliebte Fastenspeise und wurden vorzugsweise in der Karwoche gegessen. Viele, zum Teil luxuriös wirkende Rezepte, in denen mit Honig und anderen Leckereien nicht gespart wird, sind aus der mittelalterlichen Küche überliefert.

Eine damals häufig verwendete Frucht war die Mandel. Sie bildete die Hauptzutat für die „Mandelmilch" oder „Blancmanger", die Grundzutat vieler mittelalterlicher Rezepte. Es gibt zahllose verschiedene Zubereitungsmöglichkeiten, aber grundsätzlich werden fein gemahlene Mandeln mit Wasser, Brühe, oder einer anderen Flüssigkeit und Gewürzen zu einem mehr oder weniger dicklichen, glatten Brei gekocht. Mandelmilch wurde immer dann benutzt, wenn eine aromatische Basis ohne tierische Produkte – also etwa Milch, Eier oder Sahne – gebraucht wurde, oder aber, um einem Gericht mehr Geschmack zu geben.

Unter den Nüssen waren die Walnüsse die am häufigsten kultivierte Nusssorte im Mittelalter, während wild wachsende Haselnüsse auch häufig im Wald gesammelt wurden. Aus Walnüssen ließ sich Öl gewinnen. Aus der noch grünen Schale konnte man wahlweise ein beständiges schwarz-braunes Färbemittel herstellen oder eine Marmelade. Das Holz des Walnussbaums war begehrt für die Geschirrherstellung, für Schüsseln und Löffel, wie sie vielleicht auch im Kloster verwendet wurden. Die Nusskerne verfeinerten Pasteten, Obst- und Fleischgerichte. Gemeinsam mit Rosinen und anderen getrockneten Früchten aß man die Kerne auch roh, um nach einem Mahl den Magen zu schließen. Gepflegt wurde der Walnussbaum entweder gemeinsam mit Apfel- und Birnbäumen oder in speziellen Nussbaumgärten.

102

Nicht nur die goldenen Früchte, sondern auch die großen, zartrosa Blüten der Quitte sind sehenswert.

Die Gärten der Zisterzienser – Ein Paradies auf Erden?

Ein Mönch sollte zwar dauernd ein Leben führen, wie man es in der Fastenzeit zu beobachten hat; weil aber nur wenige die Kraft dazu haben, raten wir, wenigstens in diesen Tagen der Fastenzeit sein Leben in lauterer Reinheit zu bewahren und ebenso in diesen heiligen Tagen alle Nachlässigkeiten anderer Zeiten zu tilgen.
49. Kapitel der Benediktsregel

Die mittelalterlichen Gärten der Zisterzienser sind längst verschwunden. Nichts ist geblieben von den alten Obstgärten, Küchen- und Heilkräutergärten. Neue Anlagen haben in Maulbronn und Eberbach die alten Gärten längst ersetzt. Anlagen, die unseren Vorstellungen von einem zum Ausruhen einladenden, schön gestalteten Garten eher entsprechen, als karge Kreuzgärten, Obstgärten, die zugleich Friedhöfe waren, oder arbeitsintensive Gemüsegärten mit langweiligem Kohl und Bohnen. In Maulbronn verkauft heute eine freundliche Kräuterhexe nützliche Tees, Tinkturen, leckere selbst gemachte Marmeladen und anderes Naschwerk aus eigenem Anbau. Was wohl die Mönche dazu gesagt hätten?

Geblieben sind von den mittelalterlichen Klostergärten allein Bilder, Geschichten und Kunstgegenstände, die uns von den vielfältigen Verbindungen zwischen Gartenarbeit und Gebet erzählen. In ihnen blitzen auch immer wieder Erinnerungen an das Paradies auf, die sich in den damaligen Gärten spiegelten. So konnten die Brüder und Schwestern im Kreuzgarten und im Obstgarten über den allerersten Garten der Ureltern Adam und Eva nachdenken. Im Kräutergarten fanden sie Blumen, welche die Eigenschaften Mariens symbolisierten. Die Schönheit und Vielfalt der Gartengewächse, ihre heilenden und nährenden Eigenschaften waren für sie zugleich ein Lob auf Gottes wunderbare Schöpfung. Vielleicht wurden die Gewächse auch als Abglanz des vergangenen und künftigen Paradieses betrachtet: Bäume, Kräuter und Blumen, die in wirkungsvollem Kontrast zur schlichten und strengen Architektur und asketischen Lebensführung der Zisterzienser standen.

In ganz wenigen Fällen jedoch holten die Zisterzienser sich den Garten in ihre schmucklosen Kirchen zurück.

Die Eppendorfer Alraune Die sogenannte „Eppendorfer Alraune" ist ein solcher Gegenstand, in dem Garten und mittelalterliche Glaubensvorstellungen untrennbar miteinander verbunden sind. Das seltsame Objekt erzählt von den engen Beziehungen zwischen alltäglichem Leben, christlichem Glauben und dem Garten als Lebensgrundlage der damaligen Menschen. Benannt ist die Wurzel nach dem Hamburger Stadtteil Eppendorf, indem sie gefunden wurde. Eine Alraune *(Mandragora officinalis)* im botanischen Sinne ist sie nicht. Tatsächlich wurde das Material bis heute nicht identifiziert.

Nüsse ließen sich leicht einlagern und boten willkommene Abwechslung auf dem Speiseplan der Mönche.

LINKE SEITE
Das Kloster Casamari in Latium ist ein wichtiges Beispiel für Zisterziensergotik in Italien.

Der Doberaner Kreuzaltar zeigt das Kreuz als Lebensbaum.

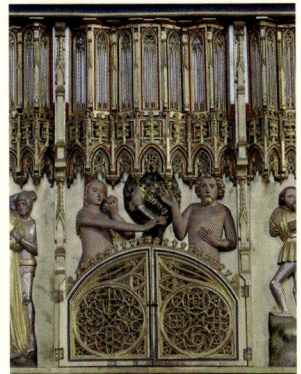

Der Legende nach vergrub eine Gärtnerin eine geweihte Hostie unter ihren Kohlpflanzen, in der Hoffnung, das Gemüse würde daraufhin besser gedeihen. In der Nacht begann der Kohl jedoch auf wundersame Weise zu leuchten. Eine Abordnung von Geistlichen, die das Phänomen untersuchte, fand zwischen dem Kohl ein aus einer Kohlwurzel gebildetes Abbild des gekreuzigten Christus. Die Gärtnerin wurde des Hostienfrevels überführt und hingerichtet. Die Wurzel kam in das benachbarte Zisterzienserinnenkloster von Harvestehude bei Hamburg. Dort ließen die Nonnen das wundersame Objekt 1482 in eine silberne Monstranz fassen und stellten es der staunenden Bevölkerung in ihrer Kirche zur Schau. Nach Auflösung des Klosters kaufte Kaiser Rudolph II. die Wurzel für seine Prager Wunderkammer, wo sie das Krönchen erhielt, das sie immer noch trägt. Heute gehört die Eppendorfer Alraune zu den Kostbarkeiten in der Geistlichen Schatzkammer des Kunsthistorischen Museums in Wien.

In der Kirche des Zisterzienserklosters Doberan ist ein ganz anderes Kunstwerk zu bewundern, das die Gartenvorstellungen der mittelalterlichen Menschen in erstaunliche Bilder gebannt hat.

Der Doberaner Lettneraltar

In der Doberaner Zisterzienserkirche trennt noch heute ein sogenannter Lettner den ehemaligen Chor der Mönche von dem Gebetsplatz der Konversen. Gebildet wird der Lettner von dem reich verzierten Retabel eines Flügelaltars (als Retabel bezeichnet man die gemalten oder geschnitzten Tafeln, die auf oder hinter den Altartisch gestellt wurden) mit aufgesetztem Triumphkreuz. Kreuz und Retabel sind von beiden Seiten sichtbar. Ihre Seiten zeigen unterschiedliche Darstellungen. Während auf der Seite der Mönche Maria das Zentrum des Triumphkreuzes einnimmt und die Bildfelder von Kreuz und Retabel vor allem Geschichten aus ihrem Leben erzählen, dreht sich auf der Seite für die Konversen alles um Christus, der als Gekreuzigter die andere Seite beherrscht.

Auffällig sind die großen, von beiden Seiten sichtbaren Laubblätter an den Rändern des Kreuzes. Sie verweisen darauf, dass das Marterinstrument zugleich den Baum des Lebens symbolisiert. Zudem binden sie Maria in die Baum- und Gartensymbolik mit ein. Vergleichbar mit dem großen Kreuz im Obstgarten des St. Galler Klosterplans steht das Doberaner Kreuz für den zentralen Baum im Paradies, aus dessen Holz es der Legende nach ja gezimmert wurde. Um diese Deutung noch zu bekräftigen, sind unter seinem Fuß in der Mitte der Christusseite Adam und Eva vor dem Baum der Erkenntnis mit Äpfeln in der Hand dargestellt.

Vom Sündenfall im ersten Garten und von Jesu Tod an jenem Kreuz, dessen Holz einst der Baum des Paradieses war, wird auf der Konversenseite des Lettners erzählt. Doch auch von einem weiteren Garten berichten die geschnitzten Reliefs: Auf dem äußeren Bild des linken Flügels sehen wir Jesus in der Nacht vor seinem Tod im Garten Getsemane. Der Evangelist Lukas berichtet, dass Jesus, während seine Jünger friedlich schlafen, betet: „Vater, willst du, so nimm diesen Kelch von mir; doch nicht mein, sondern dein Wille geschehe".

Einen irdischen Garten voller Leid neben einem paradiesischen Garten voller Versprechungen und Versuchung präsentiert uns der Doberaner Lettneraltar, während über allem verheißungsvoll das Kreuz als Lebensbaum schwebt, die Hoffnung auf Auferstehung und himmlisches Paradies.

Die Reise ins Paradies

Waren sie nun ein Paradies, die Gärten der Zisterzienser? Oder waren sie nicht doch eher Orte des Leidens, so wie jener Garten, in dem Jesus seine letzte Nacht verbrachte? So viel ist nämlich sicher: Körperliche Entbehrungen, viel Arbeit, wenig Schlaf, karge Nahrung und ein früher Tod gehörten damals zum zisterziensischen Leben, das so gar nicht paradiesisch anmutet. Der Orden wollte ja in erster Linie ein spirituelles, auf Versenkung und Gottesschau ausgerichtetes Leben im Geiste der Nachfolge Jesu und der Apostel führen. Ihre Gärten hatten daher vor allem die Aufgabe, die Gemeinschaft zu beschäftigen, zu ernähren und Leiden zu lindern. Erholung für die Kranken und Erschöpften boten sie vielleicht auch. Nur eines waren ihre Gärten gewiss nicht: Sie haben nichts zu tun mit unseren Vorstellungen von Müßiggang und individuellem Wohlleben. Gärten, in denen diese Vorstellungen verwirklicht wurden, gab es damals auch schon. Doch die gehörten in eine vollkommen andere Welt jenseits der Klostermauern.

Um zu verstehen, was das Besondere an den zisterziensischen Gärten war, hilft uns vielleicht ein indisches Märchen weiter, das von einer Reise ins Paradies erzählt:

Ein junger Inder diente in einem Tempelgarten als Gärtner. Sein höchster Wunsch war es, im Paradies zu leben. Seit seiner Kindheit träumte er davon, und täglich sann darüber nach, wie er wohl dahin gelangen könne. Einmal sah er nachts einen weißen Elefanten im Tempelgarten umherwandern. Der junge Mann wusste, dass weiße Elefanten aus dem Paradies stammen, dass sie nur zur Erde niedersteigen, um eine besondere Aufgabe zu erfüllen, und dass ihr Anblick den Menschen Glück bringen soll. Deshalb bat er das Tier, ihn mit ins Paradies zu nehmen. Der Elefant versprach den jungen Mann, dessen Frau und ein zahmes Äffchen beim nächsten Vollmond dorthin zu bringen. Der Frau war es jedoch unmöglich, das Geheimnis zu bewahren. In der verabredeten Vollmondnacht stellte sich heraus, dass sie allen Verwandten und Freunden versprochen hatte, sie mitzunehmen ins Paradies. Pünktlich erschien der weiße Elefant im Garten. Der junge Mann hielt sich am Schwanz des Tieres fest, das Äffchen saß auf seinen Schultern. Die Frau hielt sich am Anzug ihres Mannes fest. Dann kam ein Neffe, dann der nächste und wieder der nächste und so weiter – einer hing immer am anderen. So verließ die ganze Gesellschaft schnell die Erde. Während sie am Schwanz des Elefanten durch die Lüfte flogen, entspann hat sich eine aufgeregte Diskussion über die Frage, ob es im Paradies auch Fische, Ziegen und die vielen anderen irdischen Dinge geben könnte. Als die Frau schließlich fragte ob im Paradies auch Wassermelonen wachsen, wurde ihr Mann ärgerlich und erwiderte: „Natürlich gibt es Wassermelonen – es muss welche geben, denn die Götter essen sie ja so gern." Die Frau war begeistert und rief aus: „Wie groß mögen sie sein?" Da verlor der Mann die Beherrschung: „Sooo groß sind sie", brüllte er wütend, zeigte mit den Händen, wie groß die himmlischen Melonen seien – und ließ den Schwanz des Elefanten los. Die ganze Gesellschaft, die eben noch erwartungsvoll gen Himmel geflogen war, purzelte zur Erde zurück – nur der kleine Affe nicht. Das Gebrüll hatte ihn aufgeweckt, und voller Schreck war er auf das Hinterteil des Elefanten gehüpft. So kam der Affe ins Paradies, während alle übrigen Himmelsreisenden sich im Tempelgarten wiederfanden. Eines Abends kehrte der kleine Affe jedoch zurück. „Warum bist du zurückgekommen", fragte der Mann? „War es nicht schön? Hat es dir nicht gefallen? Wie ist es eigentlich im Paradies? Erzähl doch einmal!" „Ich pfeife auf das Paradies", sagte der Affe. „Es gibt keine Nüsse, keine Bananen – nicht einmal Wassermelonen gibt es da!" Dann hüpfte er auf den Schoß seines Besitzers und rollte sich behaglich zusammen.

Das Kloster Valmagne liegt im Languedoc und ist bekannt für seine Weine.

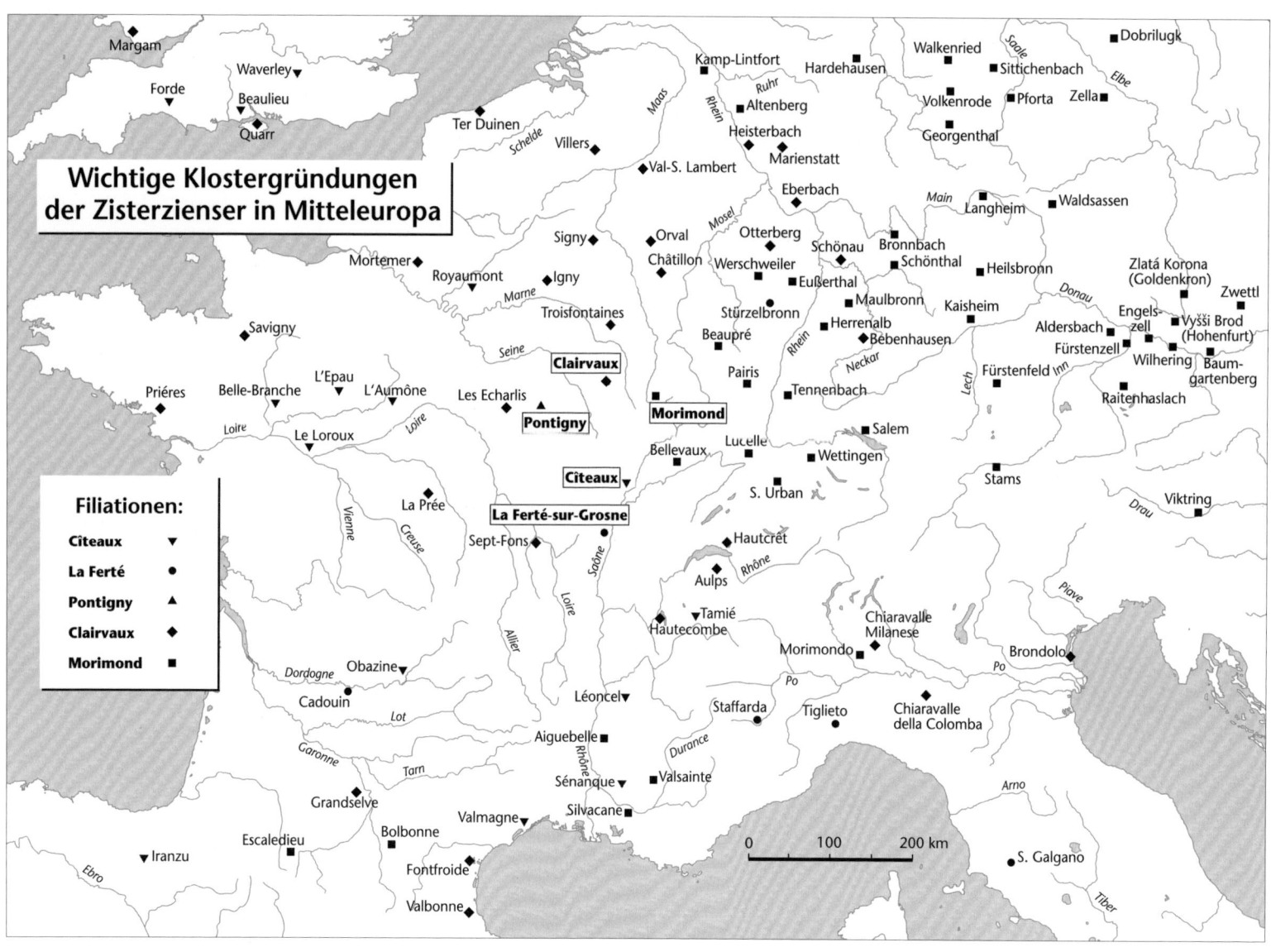

Literatur

Aeberhard, Marcel, Geschichte der alten Traubensorten, Solothurn 2005

Anstett-Janßen, Marga, Kloster Maulbronn, München – Berlin 2000

Behling, Lottlisa, Die Pflanzenwelt der mittelalterlichen Kathedralen, Köln – Graz 1965

Black, Maggie, The Medieval Cookbook, London 1992

Collins, Minta, Medieval Herbals. The Illustrative Traditions, London 2000

Dinzelbacher, Peter, Bernhard von Clairvaux. Leben und Werk des berühmten Zisterziensers, Darmstadt 1998

Duby, Georges, Der heilige Bernhard und die Kunst der Zisterzienser, Frankfurt a.M – Augsburg 1991

Eco, Umberto, Kunst und Schönheit im Mittelalter, München 1993

Einsingbach, Wolfgang/ Riedel, Wolfgang, Kloster Eberbach im Rheingau, München – Berlin 2004

Erdmann, Wolfgang, Zisterzienser-Abtei Doberan. Kult und Kunst, Köngstein i.T. 1995

Fischer, Claudia und Reinhold, Geheimnisse der Klostergärten. Praktische Erfolgsrezepte für naturnahes Gärtnern, München 1991

Fischer, Hermann, Mittelalterliche Pflanzenkunde, München 1929

Fischer-Benzon, R., Altdeutsche Gartenflora, Kiel – Leipzig 1894

Ganzenmüller, Wilhelm, Das Naturgefühl im Mittelalter, Leipzig 1914

Gleba, Gudrun, Klosterleben im Mittelalter, Darmstadt 2004

Goldgrund und Himmelslicht. Die Kunst des Mittelalters in Hamburg, Katalog zur Ausstellung in der Hamburger Kunsthalle 1999-2000, Hamburg 1999

Hales, Mick, Klostergärten, München 2000

Hauschild, Stephanie, Mönche – Maler – Miniaturen. Die Welt der mittelalterlichen Bücher, Ostfildern 2005

Hauschild, Stephanie, Die sinnlichen Gärten des Albertus Magnus, Ostfildern 2005

Hennebo, Dieter, Gärten des Mittelalters, München – Zürich 1987

Herrmann, Bernd (Hg.): Mensch und Umwelt im Mittelalter, Stuttgart 1986

Hobhouse, Penelope, Illustrierte Geschichte der Gartenpflanzen vom alten Ägypten bis heute, Bern – München – Wien 1999

Jankrift, Kay Peter, Mit Gott und schwarzer Magie. Medizin im Mittelalter, Darmstadt 2005

Jennings, Anne, Medieval Gardens, London 2004

Landsberg, Sylvia, The Medieval Garden, London 2004

Lemmer, Manfred/Schulz, Eva-Luise (Hg.), Die lêre von der kocherie. Von mittelalterlichem Kochen und Speisen, Leipzig 1980

Mayer-Tasch, Peter/ Mayer-Hofer, Bernd (Hg.), Hinter Mauern das Paradies. Der mittelalterliche Garten, Frankfurt a.M. - Leipzig 1998

McLean, Teresa, Medieval English Gardens, New York 1980

Meister Hans, des von wirtenberg koch. Fakisimile der Handschrift Cod. A.N.V. 12 der UB Basel von 1460, kommentiert von Trude Ehlert, Frankfurt 1996

Moßig, Christian, Grundbesitz und Güterbewirtschaftung des Klosters Eberbach im Rheingau 1136–1250, Darmstadt – Marburg 1978

Riethe, Peter, Hildegard von Bingen. Das Buch von den Fischen, Salzburg 1991

Schellenberger, Bernardin, Die Stille atmen. Leben als Zisterzienser, Stuttgart 2005

Scherf, Gertrud, Pflanzengeheimnisse aus alter Zeit. Überliefertes Wissen aus Kloster-, Burg- und Bauerngärten, München 2004

Staab, Josef, Die Zisterzienser und der Wein am Beispiel des Klosters Eberbach, in: Forschung und Forum Kloster Eberbach, 2, 1986

Stoffler, Hans-Dieter, Kräuter aus dem Klostergarten. Wissen und Weisheit mittelalterlicher Mönche, Ostfildern 2002

Wimmer, Clemens Alexander, Geschichte der Gartentheorie, Darmstadt 1989

Winter, Johanna Maria von: Kochen und Essen im Mittelalter, in: Herman, Bernd: Mensch und Umwelt im Mittelalter, S. 91–92

Bildnachweis

S. 11: Figureninitiale Gregor, Moralia in Job, Citeaux, Anfang des 12. Jhds., Dijon, Bibliothèque municipale (Ms. 170, fol. 59r)

S. 22: Cambridge, Trinity College, Ms. R. 17.1; Stiftsbibliothek St. Gallen, Sig. Ms. 1092.

S. 13, 34, 35, 106, 109: Achim Bednorz, www.bednorz-photo.de

S. 104: Fotos: Doberaner Münster, Martin Heider

Alte Abbildungen der Kräuter: Leonhard Fuchs, De historia stirpium commentarii insignes, Basel 1542; außer S. 79: Adam Lonitzer, Kreuterbuch, erweiterte Ausgabe, Ulm 1679, beide Werke: Württembergische Landesbibliothek.

Alle weiteren Pflanzen- und Architekturfotos: K. Finken, Prüm.

Weitere historische Abbildungen: Verlagsarchiv.

Trotz intensiver Recherche ist es uns nicht gelungen, alle Rechteinhaber ausfindig zu machen. Wir bitten daher um Verständnis, wenn eine Vergütung für den Abdruck gegebenenfalls erst nachträglich erfolgen kann.

Bibliografische Information der Deutschen Nationalbibliothek
Die Deutsche Nationalbibliothek verzeichnet diese Publikation in der Deutschen Nationalbibliografie; detaillierte bibliografische Daten sind im Internet über http://dnb.d-nb.de abrufbar.

© 2007 by Jan Thorbecke Verlag
der Schwabenverlag AG, Ostfildern
www.thorbecke.de · info@thorbecke.de

Alle Rechte vorbehalten. Ohne schriftliche Genehmigung des Verlages ist es nicht gestattet, das Werk unter Verwendung mechanischer, elektronischer und anderer Systeme in irgendeiner Weise zu verarbeiten und zu verbreiten. Insbesondere vorbehalten sind die Rechte der Vervielfältigung – auch von Teilen des Werkes – auf photomechanischem oder ähnlichem Wege, der tontechnischen Wiedergabe, des Vortrags, der Funk- und Fernsehsendung, der Speicherung in Datenverarbeitungsanlagen, der Übersetzung und der literarischen oder anderweitigen Bearbeitung.

Dieses Buch ist aus alterungsbeständigem Papier nach DIN-ISO 9706 hergestellt.
Gestaltung:
Finken & Bumiller, Stuttgart
Gesamtherstellung:
Jan Thorbecke Verlag, Ostfildern
Printed in Germany
ISBN: 978-3-7995-3530-4

Die Autorin und der Verlag danken Herrn Dr. Eberhard Zwink, Leiter der Abteilung Alte und Wertvolle Drucke der Württembergischen Landesbibliothek Stuttgart, für seine freundliche und fachkundige Unterstützung. Dank auch an die Bibliotheken des botanischen Gartens in Hamburg und der TU Berlin für ihre Unterstützung bei den Recherchen zur Warden-Birne.